めおとFX《エフエックス》

★★★二人三脚 トレード日記★★★

しばざきとしえ
監修：森 洋和

はじめに

「ＦＸという言葉はよく聞くけれど、じつはよく知らないんだけど？」
「だいたいこのアルファベットは何の略なの？」
「普通の主婦が億万長者に！ という話を聞いたけど、そんなに簡単に儲かるの？」
「家にいて稼げるなんてラクチンだよね？」
「それってギャンブルみたいなものでしょ？」
「実際始めるにはどうすればいいの？」

このようなさまざまな声に、この本は答えています（たぶん）。
なぜなら私もつい最近まで、そんなふうに思いつつも「ＦＸ」と何の関わりもなかった初心者だったからです。

イラストやキャラクターを描きながら主婦もしている私のもとに、
ある日突然「ＦＸ」がやってきて…
それまでは投資という言葉すら無関心だった私です。
最初のうちはトレードに振り回されて生活が一変してしまい、悩みました。

「家にいながらにして手軽に始められる」「簡単に儲けられるかも」
そんな印象を持ってＦＸを始める方も多いかもしれません。

でも、家にいてできるということは、それだけ「生活に密着している」
ということでもあるんですね。
自分がやり始めても、身近な人がやり始めても、
それまでと何も変わらない生活をするのは難しいと思います。
ＦＸはよく「究極の自己完結」と評されるそうです。
でも、誰かと暮らしていて、ＦＸを生活の糧にしようとしているなら
「自分だけでやっている」とも言い切れないほど、
周囲を巻き込んでしまいます。

この本では、経済知識もほとんどなかった夫婦2人が、
基礎の基礎からＦＸを学んでいきます。
助け合ったり、励まし合ったり、罵倒し合ったり（?）のＦＸライフ。
ぜひ身近なこととして読んでほしいです。

「結局、ＦＸって何?」
そんな疑問にお答えするために、まずは我が家のＦＸとの出会いからご覧ください。

しばざきとしえ

Contents

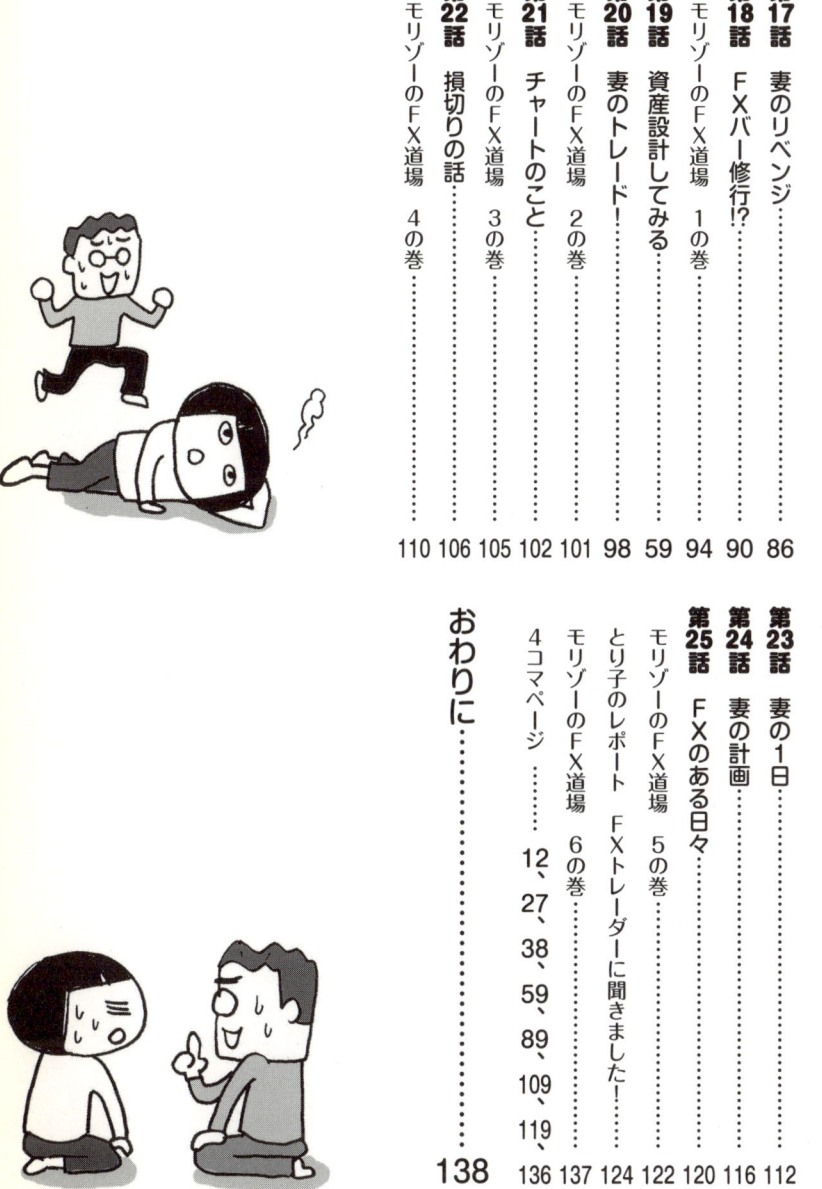

登場人物

とり子

ジンロクの妻。
しっかり者だが抜けているところも。
職業はマンガ家。

ジンロク

とり子の夫。基本的にお調子者。
職業はフリーランスのグラフィックデザイナー。

ポンちゃん

とり子とジンロクの愛猫。

モリゾー先生

ＦＸバーのオーナー。
１億円トレーダーらしい。とり子とジンロクに
ＦＸのコツを教えてくれる。

第1章

夫、ＦＸと出会う

第１話◆FXってなに？

とり子おっ
大変だあっ
バーン
ある日 お調子もんの夫が
鼻息も荒く帰宅しました
みみみ耳寄り情報!!
ぜーはー
なになに？
今日久しぶりにジンジャーさんに会ったんだけど…
ゴクリ
フリーランスプログラマー
どうもどうも
最近どうですか？仕事忙しい？
仕事？
あ
そういえば…
ボク今ほとんど仕事してないですねー
エッ
フリーなのに大丈夫…!?

1年くらい前から…
FX始めたんですよ これが意外と儲かっちゃって…
へへへ…
今のところあまり仕事しなくても生活できてるんですー
FXのおかげで…
はあ!?
オレなんか…
仕事もらうのに頭下げまくったり…
ペコペコ
休日返上で作業したりしてやっと生活してるのに…
フリーランスグラフィックデザイナー→
そ、そのFXって一体なんなんだ!?
よく聞く言葉だけどじつは全然知らないっ
ジンロクくんもやってみればいいのに
少ない元手で始められますよー
そ そうっすねー…
後光
まぶしい…
…というわけなんだよっ
ジンジャーさんはFXで儲けているらしい!!

へーって…
もっと驚けよー
だってそういうのっていかにも落とし穴がありそう
oh my god!!
ひと晩で何百万もスッちゃった話とか…
や、やめとけばぁ!?
……
よしっ
オレもやるぞっFXっ
聞けよ人の話…
はあ!?
だいたいFXって何さ!?
う…
今から調べます
よく知らない人たち→
iMac
新種の株かなんかのことか?
外国為替証拠金取引…だって

新種の株かなんかのこと…株式の売買は取引所を通して行われる「取引所取引」が主流だが、FXはFX業者と顧客の間だけの契約が主流で「相対取引（OTC）」と呼ばれる。

ははは…
…そっかー
いっこうに分からんわっ
FX（外国為替証拠金取引）とは…
FX会社に証拠金を預けることで外国通貨を売買できる
エッヘン
買った通貨を売ったり
売った通貨を買ったり
すると為替変動で差益が出るからそこで儲けるっそういう取引なのだー
は？
例えば自分のお金（円）でドルを買った場合…
自分が買った値段よりもドルが上がれば利益！
iMac
為替の変動のおかげで
家にいながらにして!!
お金が儲かるのだ…!!
すげー
すご腕トレーダーになればFXだけで食えるかも!!
仕事なんかやめちゃおっかなー
んなっ…
不穏な日々の始まりです

証拠金取引…スーパーで物を買うときはお金と商品をやりとりするが、FXでは実際に受け渡しをしない（差金決済）。契約を守る意思を示す担保金をおくだけで、その金額の何倍もの取引ができる。

坂道

FXやってるとインドアになるなー
天気いいし自転車でどっか行くー？
おー風が気持ちいい〜
気分転換しないとね
しかしウチの近所って坂が多いよねー
うう…上昇トレンドがキツい…
ゼーゼー
ハアハア
次は下降トレンドきたかーっ
FXから離れろ!!

第2話◆FX始めてみる
ふむふむ…まずはFX会社を選んで…
口座を開くのか！
うわーいつの間にか
本まで買ってるよ…
はじめてのFX
口座を開いたら証拠金をあずけて取引開始……
へー
簡単なんだな…
どこのFX会社がいいんだろ
どーれーにしーようーかーなー
ムー
あコレCMで見たことある…
凹凸証券でいいか…
早速申し込みだー
うお!?
正直に入力するか…
金融資産300万円未満に決まってんじゃん
資金が「借入金」なんて欄もあるぞ そんな人大丈夫なの…!?
資金は一応「余裕資産」と…
さすがに細かく聞いてくるなあ
▼選択してください
300万円未満
300万～500万円
500万～1000万円
年収とか金融資産とか…

FX会社…OTCは業者との取引なので、業者によって信用リスクや不利な価格を提示されるリスクがある。慎重に選ぼう。

よーし申し込んだあっ
何を申し込んだの!?
FX会社の口座開設だよ
審査があるから何日かかかるけどねー
審査?、落ちればいいのに…
あれ?
デモトレードなんてできるんだ
何それ?
仮想マネーでトレードの練習ができるらしいよっ
あ、そー
練習ならまあいいか…
えーと…
まずは通貨ペアを選ぶ…
いろいろあるなードル/円でいいか…
「買」か「売」の注文を出す…
テキトーに「買」にしてみよう
ドル円
売(Bid)
買(Ask)
92.58
92.59
USD / JPY
(ドル/円)
EUR / JPY
(ユーロ/円)
EUR / USD
GBP / JPY

通貨ペア…売買する２国通貨の組み合わせのこと。「ドル／円」「ユーロ／ドル」などと表示される。組み合わせによって、さまざまな特性がある。

は？
注文方法？
この1番上の…
この「成行注文」っていうのでいいよね…
注文成立だっ
…ってあれ？
買った途端にマイナスに!?
EMO TRADE
-310
なんでだあっ
デモとはいえムカつくぞ
えーと…
えーと…
「売値」と「買値」の差のことをスプレッドという…
パラパラ
そういえば差があった…
Bid
Ask
92,58
92,59
スプレッドはFXトレーダーにとってはコストにあたり…FX会社にとっては手数料みたいなもの…
なるべくスプレッドの差が狭いFX会社を選べ……だって
もう申し込んじゃったし…
はじめてのFX
あっ
そうこう言ってるうちにドル上昇!!
プラス1800円になってるじゃんっ
あーあ…
仕事中
調子こいてるよ…
スプレッドどーでもいいや
いーいぞ もっとどんどん上がれ上がれ

売値と買値…FXでは買える値段と売れる値段が違う。これを「2WayPrice（ツーウェイプライス）」という。（ふつうは）業者が提示する買値はビッド（Bid）、売値はアスクまたはオファー（Ask、Offer）。

FXの基礎知識①

ドル／円だけじゃない通貨ペア

日本でいちばんたくさん取引されている通貨ペアは「ドル／円」です。

もちろん、取引可能な通貨ペアはほかにもいろいろあります。「ドル」「円」「ユーロ」「ポンド」の組み合わせが一般的です。

ドルとの組み合わせを**ドルストレート**といい、「ユーロ／ドル」「ポンド／ドル」「ドル／スイス」などがあります。

円との組み合わせは**クロス円**といい、「ユーロ／円」「ポンド／円」「豪ドル／円」などがあります。

★FX取引できる通貨の例

- 日本／JPY（円）
- アメリカ／USD（ドル）
- イギリス／GBP（ポンド）
- オーストラリア／AUD（豪ドル）
- ユーロ／EUR（ユーロ）
- カナダ／CAD（カナダドル）
- スイス／CHF（スイスフラン）
- ⋮

※FX会社によって異なります。

ポンドなんかは、ボラリティが大きい通貨として有名なのだ！
えっへん
ボラリティ？何それ？
※ボラティリティのこと。変動幅をさす

複数の通貨ペアで取引をするメリットは、時間帯によって通貨の動きが異なる点を利用して効率よくトレードできたり、有事のときに回避目的で安全な通貨を選べることなどがあります。

通貨ペアによって、スプレッドや値動きのスピードが違うので、特徴をつかみましょう。みんながやっているからと「ドル／円」だけを見ていると、チャンスを逃してしまうかも。

ユーロ／円
145.00
ドル／円
90.00
この場合…
1ドルが90円
1ユーロが145円でしょ

いろんな通貨ペアを見ると表示で一瞬戸惑うなあ……
zz…

ちなみに。。。
レートの最小単位のことを、
PIPS（ピップス）といいます。

90.00円 → **90.01**円

で、「1ピップス動いた」といいます。ただし、実際には**100**円動いたことになります（1万通貨単位の場合）。

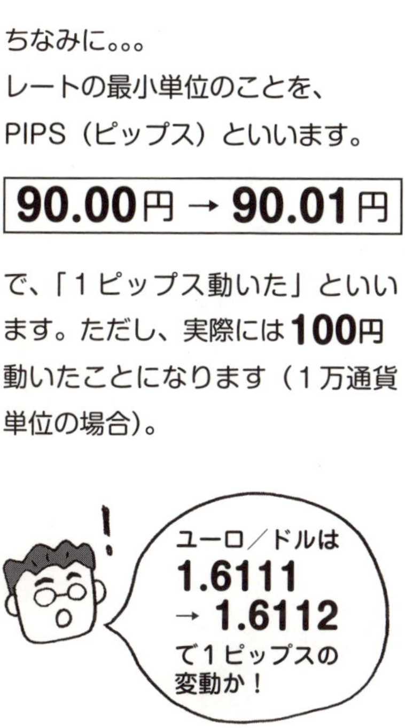
!
ユーロ／ドルは
1.6111
→ 1.6112
で1ピップスの変動か！

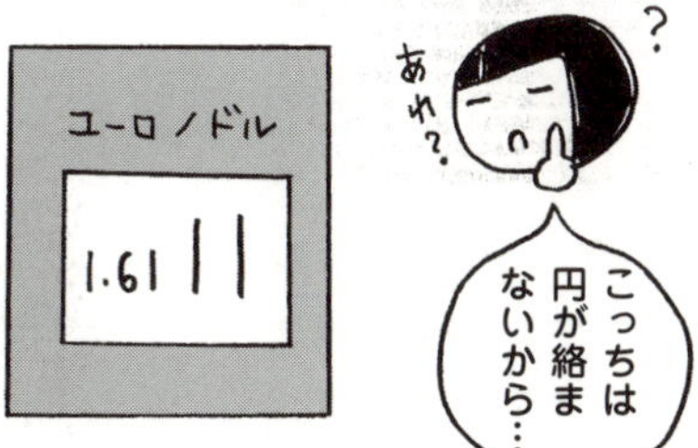
ユーロ／ドル
1.61 11
あれ？
?
こっちは円が絡まないから…

1 ユーロが **1.6111** ドル
ということ。つまり

90円×**1.6111** ドル
＝**144.999**
≒**145.00**

あ、そうか

1 ユーロ＝**145**円

第3話◆デモトレードがんばる
午後11時
よっしゃあああ
デーモトレやるぞぉおおおぉ
今から？遅～
おっおバカあっ
世界のことを考えろぉっ
明日にすれば～
つっ
日本の夜11時はニューヨークの朝9時！
世界ってなんだよぉ…
ちっ
日本 ロンドン ニューヨーク
23:00 14:00 9:00
デモトレでも値動きはリアル!!
世界の市場が開けば相場も動く！
いつもは今ごろテレビ見てゴロゴロしてるくせに…
相場が動かなきゃ利益も出ないっ
今がFXのコアタイム!!
うおー
そんな折れ線グラフなんか見て何をするわけー？
例えばこれはドル／円のチャートね
ピコッ ピコッ
92.66
今この瞬間は1ドルが92・66円…

コアタイム…FXは24時間取引できるうえ、為替マーケットがよく動く時間帯は日本では夜にあたる。そのため、昼間に会社勤めをしている人でも取引しやすい。詳しくは→ **54ページ**

今「買」注文を出したとすると…
売る
買う
92、96
92、66
安いときに買って高くなったら売る
ってわけ
単純だろっ
高い時に売って安い時に買い戻すことも可!!
92円66銭で買って92円96銭で売った…30銭のもうけ?
ちがうよー
チッチッチッ
取引は1万ドルからって決まってるんだこの場合30銭×1万で…
なんと!
ピカ
ピカ
3000円の儲けになったってわけだー!!
ふーん……
ちょっと待てーい
そもそもなんで1万ドルも買えたんじゃーい
92万6600円も必要なのに!?
ふふふ…
そこがFXのマジックなのだっ
レバレッジっていうテコの原理みたいな仕組みで…
30分の1の3万886円で買ったことになっているのだっ
ニヤリ
なんで30分の1!?
?
それはオレが見てる凹凸証券のレバレッジが…
30倍だからさ
フッ

レバレッジ…「てこ」という意味。証拠金取引では、預けた証拠金の何倍もの金額を売買できる。この倍率のことをレバレッジと呼ぶ。レバレッジの倍率は会社によって違う。

ちなみにFXは少ない資金で大きな金額の取引ができるこの「レバレッジ」のおかげで人気が出たらしいよ
株の信用取引なんかだと3倍くらいまでみたいだしねー
ひょい
1万ドル
30886
まさにテコの原理!!
倍率はFX会社によっていろいろだから自分で選べるしね
でも少ないお金で大きな取引ができるってことは…損するときは大損ってことでしょ？
ハイリスクハイリターンってやつ…
oh my god!!
とり子冴えてるじゃーーん
だから初心者はなるべく低いレバレッジでやったほうがいいそうだ
30倍は…
低いのか!?
…とかえらそうに言ってるものの…
さっきからチャート見てるけど…
買ったり売ったりするきっかけがちっとも分からん…
どーすんのコレ!?
この「ローソク足」ってどう見るんだろ!?
ムキー
さあ…

レバレッジの倍率…2010年中に50倍まで、2011年には25倍までに規制される予定。

や、やめとけばあ!?
……

第4話◆タイミングが分からない！
は陰線… 始値よりも 終値が低い…
は 陽線… 始値よりも 終値が高い…
だから どうした!?
めんど くさそー
DSで 遊ぼっと
ローソク足は 形によって 相場が変わるときの 目安になるのか…
ヒゲ
実体
ヒゲ
終値…(おわりね)
始値…(はじめね)
こんなんなって るんだ…
相場上昇の きざしはコレ
ヒゲが長い
下降の きざし はコレ
ほー
ん？
は 「カラカサ」って いう名前かぁ
陽線の カラカサ
似たようなので…
「はらみ足」 とか…
「トンボ」 とか…
プププッ
もともと 株から きてるのか…
ねーねー
ローソク足って 江戸時代の 日本人が考え たんだって!!
そこ そんな 重要!?

ローソク足…値動きを示すチャートのひとつ。江戸時代に米相場で活躍した相場師、本間宗久が考え出したとする説もあるが、はっきりとしたことは分かっていない。

ローソク足のことは（なんとなく）分かったけど…
カラカサとか全然出ないじゃん
ううーむ うーうー む……
はよく出るけどこれってカラカサ？ちがうよね…
買い物行ってくるわー
よくチャートばっか見ていられるなあ
このサイトのチャートは陽線が青で陰線が赤かよっ
まぎらわしーー
チャートの種類も5分ごとに動くのから30分ごと24時間ごと…いろいろあるなあオイ
5分足でいいか…
じーーっ
たかがデモトレなのになかなかポジションとれないもんだ
タイミングがなあ…見ててもさっぱり…
お
上がると思ったのにどんどん下がった…
わからーんっ
ボリ ボリ ボリ
ムムム。。。っ
この動きは!?
晩ごはんですけど…
何時間チャートを見てるんだっ
あっ…

5 分ごと、30 分ごと、24 時間ごと…それぞれ、5 分足、30 分足、日足という。1 週間ごとは週足、ひと月ごとは月足。

第5話♦デモトレード制す!?
夜になると急にはりきり出すもの…
さぁさぁっ
ムン
夜が来たりて
相場が動く!!
ムン
ジャーッ
それは日本のFXトレーダーです
今日こそポジションとるぞーっ
コンビニ行こー
うお
ちょっとおーし
コンビニくらい1人で行けるだろー
こっちは忙しいんだから…
えーじゃあ行くのやめる
ウトウト…
……。
むむむ!?
つつつー
なんか上がってるじゃん!?
上昇トレンドだあっ今だあっ
買いクリック!
すかさず
売りクリック!
カチ
カチ

ポジション…建玉(たてぎょく)ともいう。自分の出している注文のうち、未決済のもののこと。「ポジションをとる」というのは、つまり、買いまたは売りの契約を保有している状態のこと。

やったあー一瞬で40ピップスとれたぁっ
4000円ゲットだ!!
早い値動きに対応したぞオレ!!
うるさいなあ…
コツがつかめてきたぞ…
うん
すぱー
次の日
また30ピップスとったぞっ
よしっ
くかー
要するに…安いときに買って高くなったら売る
高いときに売って安くなったら買い戻す
それだけじゃんシンプルじゃんっ
フッ
そしてオレは…チャートを何十時間も見続けたおかげで…
キラーン
チャートを見る眼が養われたのだっ
そのまた次の日
ふ…今日もあっという間に100ピップスゲットだぜ…
仮想マネー500万から始めて資産が620万に増えちゃったぞ!
カチ

ピップス…Pips。取引レートの最小単位のこと。ドル/円でいえば、最小単位の1銭＝1Pips。この場合、40ピップス×1万ドル＝4000円の儲け。

へー
なかなか
すごい
じゃん
……
あ――!!
これが
本当の
儲けだったら!!
デモで
プラスだと
むしろ腹立つ~
そういえば
ちょうど
FX会社から
パスワードが
届いたんだった!
口座開設
完了~
ついに
本チャン!?
明日から
リアル
トレード
だ!!
口座に
20万円
入れますっ
ピカ
ウッ
ほーら♬
…なーんて
言ってる間にも
また10ピップス
あのまゆげの
形はヤバイ…
FXって
わりと
チョロいん
だな
オレって
才能
あるのかも
……
えー…
ますます
心配になってきました

儲けたお金

知り合いにFX始めたって言ったらさー
その人の奥さんもやってるんだって、FX
へー
主婦に人気らしいもんね…
それで…
奥さん、儲かってます？、
全然大したことないですよー
儲けたお金でDVDレコーダー買ったら
パアだったみたいだし…
だって…
タバコ代くらいしか儲けてない人 →

第6話◆気合だ!! リアルトレードだ
おっ ドル円 上がってきたっ
ジンロク 行きまーす!!
成行注文で 買いだっ
上がれ 上がれ
なりゆき注文 だなんて… 行き当たりばったりな かんじ～…
毎晩 夜中過ぎ まで大変 だねー
ムー
（遊べ）
だって リアル だぜっ!?
じっ
なんか 体に悪そ…
ポンちゃん だって ムームー 言ってるし
もう やめればぁ?
何言ってんだよー 今だって 2000円 儲けたぞ
売りクリック
サクサク いくぜ!!
3日で 6000円の プラスだぞー
2000円
初心者にしては 上出来だ!
…ま、額だけ 言うとしょぼい気も するが…
カーカカ…
先 寝るわー
ふわぁ…

成行注文…いくらでもよいので買う（売る）という注文。すぐに約定できるが、値段はいくらになるか分からない。詳しくは→ **66 ページ**

今日はこんなとこでやめとくか…
ん？
待てよ……
これもしかして…
キラリン
まだまだ伸びるぞ!?
10枚買っちゃおう!!
フォーッ
King of FX!!
ドーンと!!
オレの直感は正しいぞっ
エントリー
絶対に伸びるっ
3分後
これが取れたら一気に10万円くらいいくかも…
むひひひひ
10分後
とり子もびっくりして感心するぞーっ
ぬゃあああ!?
なっ…
ヤベー ヤベー ヤベー
ありえないだろう
こんな時に限ってなぜ
まずいぞコレは
間違いだろ
ぬゃあんであああ

枚…FXの取引通貨単位。一般的には、1万通貨＝1枚。100万通貨＝1本（＝100枚）。10枚ということは10万通貨。

…落ち つけー
ウロ ウロ
落ち つけえ〜
何してんの それ
ギくっ
とっ とり子は 寝てて いいからっ
さあ さあ
?
さてと…
これは…
もしや 見ている から ダメなの では…
閉じるっ
ペシ
そして 3分間…
カリッ カリリッ
息を止めれば きっと上がる …
今だ
!!
ばっ

息を止めればきっと上がる…スポーツ選手やギャンブラーと同様に、独自のおまじないを持つトレーダーも多い。だが統計学的には、ツキやスランプと考えられる現象は、起きて当然ともいえる。

下がりっぱなし…
がく
なんでだ…
なんで…
…い、いや…! 相場は必ず戻ってくる!!
下がったものは上がるはずだっ
それが自然の摂理!!
盛り塩で清めようっ
荒塩
パラ
パラ
メタルをガンガン聴いて
盛り上がれっ
祈れっ
念じろっ
ギリ
ギリ
ギリ
バッ
ポリポリポリ
おっはよー
…あれ?
プルニャ

相場は必ず戻ってくる…トレーダーの間でよく言われる。強制ロスカットにならないかぎり持ち続けていれば戻ってくるという考え方だが、ひとつ間違えると取り返しのつかない大損にもつながる。

第7話◆リベンジの日々
えー それで…
なに…
昨日ひと晩で10万損したってー?
そっ
そーなんだ…
10枚買ったら急に一気に1円も下がっちゃって…意味分かんないんだけど……
初心者だし仕方ないよー
ホッ
だっ
だよね
仕方ないよねー
うんうん
いただきまーす
…なんて言うと思ったかっ
死ね!! 今すぐ死んでしまえ!!
ドーン
ブッ
あわわわわ

ちょっちょっと落ちつけって
怒りすぎ…
今回の失敗は「ロスカット」のせいなんだっ
ロスカットぉ!?なんじゃそれ
証拠金が足りなくなると自動的に決済されちゃうんだ
デモトレのときは証拠金が500万円の設定だったし…そのへんよく分かってなくて…
下がった相場は必ず上がるだろうと…
ポジションずーっと持ってたらどんどん下がっちゃって…
決済されちゃった、と
そーなんだよ！まさかそんなことになるとは…
ハハハじゃないっ

ロスカット（損切り）…ポジションまたは口座全体の評価損が、ある水準に達したときに、さらなる損失の拡大を防ぐために、対象ポジションを反対売買によって強制的に決済し、損失を確定する制度のこと。

FX禁止……!!
…なんて言われちゃったけど…
けどさー10万円すぐ損するってことは…
10万円すぐ儲けられるってことだよね!?
1冊しか本を読んでなかったのが悪かったのかも!
それだ! それが敗因だっ
もっと他の本を……
サポートラインとレジスタンスライン…
そんなのあったんだ気にしてなかった…
サポートライン(支持線)とは…
相場が下落しているときにはね返す目安になるラインのこと(ただし下抜けたときは売りポイント!)
レジスタンスライン(抵抗線)とは…
相場が上昇しているときにはね返す目安になるラインのこと(ただし上抜けたときは買いポイント!)
※ラインは自分で引きます
すげー!!
コレ
コレ

ライン…支持線は相場の安値に印をつけていき、一本の線で結ぶ。抵抗線は相場の高値に印を付けていき、一本の線で結ぶ。

うおおおおお
ライン引きてぇー
うずうず
うずうず
早く試してみたい——っ
その夜
とり子寝てるな…
そーっ
よしよし
オレは生まれ変わったっ
10万円取り返すぞっ
今だっ売りクリック!!
ライン抜けたっ
買いだっ
カチ
コレ抵抗線だろっ
カチ
出たな支持線!!
カチ
売りだっ
カチ
ふわ——よく寝た
…あれ?
まっまさか…
しーん
…また!?

証拠金&レバレッジ

証拠金とは、外貨を取引するときの「担保」として、FX会社の口座に預けるお金のことです。

FXでは、この担保＝証拠金を預けることで、**預けた額以上のお金をFX会社から借りて取引する**ことができるのです。これを証拠金取引と呼びます。

証拠金取引は、総代金ではなく、そこに生じた差金分のみでやりとりをする差金決済のため、総代金分のお金を用意する必要はありません。

預けた以上の金額で取引することを「レバレッジを効かせる」ともいいます。

また、取引する金額に応じて、口座に必要な最低限のお金を「必要証拠金」といいます。

証拠金は、もし損失が出た場合に、そこから損失分を支払うための担保となります。

レバレッジの倍率は取引FX会社によって異なりますので、注意が必要です。

レバレッジ＝テコの原理

ひょい
小さい力で大きなものを動かすっ

レバレッジを効かせられるんだし
証拠金は2万円でいいかな
エー
そんなんでいいの!?

高レバレッジは危険だって言われているけどなんでなの？
実際の金額を見ていくと分かりやすいよ

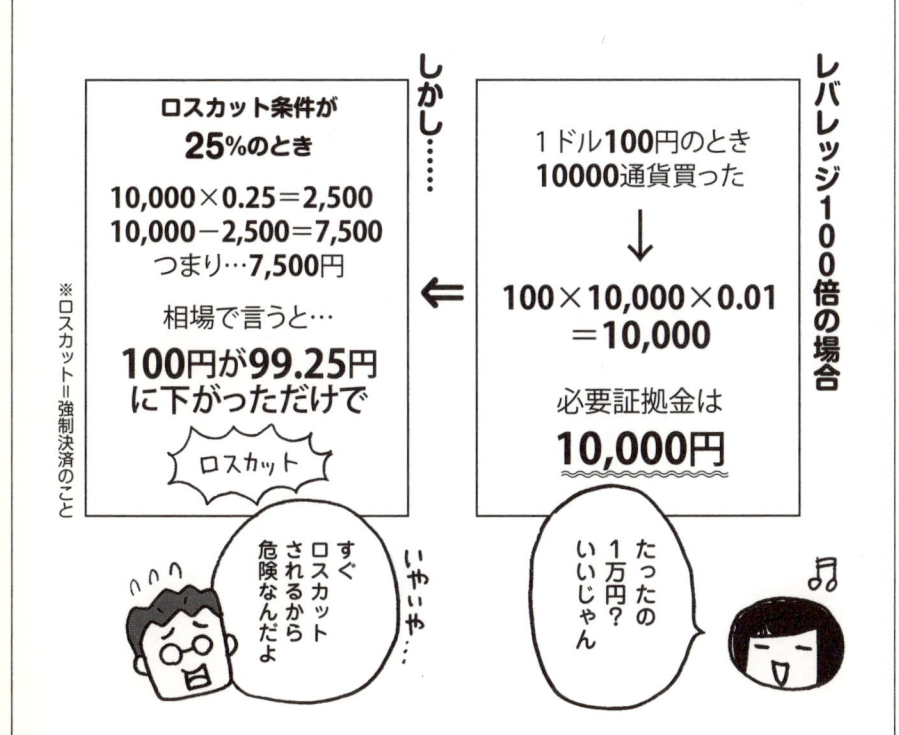

必要証拠金が取引総代金の何％必要か？これがレバレッジの効果率になります。

例えば……

・取引総代金の **5** ％必要

$\frac{100}{5}=$ **20** 倍（レバレッジ20倍）

・取引総代金の **2** ％必要

$\frac{100}{2}=$ **50** 倍（レバレッジ50倍）

・取引総代金の **1** ％必要

$\frac{100}{1}=$ **100**倍（レバレッジ100倍）

レバレッジ100倍の場合

１ドル**100**円のとき
10000通貨買った

↓

100×10,000×0.01
＝10,000

必要証拠金は

10,000円

たったの1万円？いいじゃん

しかし……

⇐

ロスカット条件が
25%のとき

10,000×0.25＝2,500
10,000－2,500＝7,500
つまり…**7,500**円

相場で言うと…

100円が99.25円
に下がっただけで

ロスカット

※ロスカット＝強制決済のこと

すぐロスカットされるから危険なんだよ
いやぃや…

バーナンキさん

おっ
!
バーナンキが重大発表!!
米景気の下げ止まりが明確になった
これ絶対っ
ドル急上昇っしょ
あせっあせっ
早いクリック!!
30分後
は…
つつー…
はあ!?
バーナンキのバカー
バーナンキ意味分からんっ
ダン
ダン
誰だよバーナンキって…

※バーナンキ…FRB議長

第2章

トレードで変わる生活

第8話◆ファンダメンタルズがあったじゃないか

モヤ〜ン
モヤ〜ン
モヤ〜ン
なんか 負け臭みたい なのが出てるぅ
絶対 やらかしたでしょ それ——
また10万? それとも 20万?
我が家は どうなるのだー
ム
ポンちゃん あのね…
ポンちゃんのエサが1週間で640円…
もうすぐ それすら 買えなく なるかも…
ごっ
5万円 です…
えっ なんだって?
5万円?
ロイヤルカナン
…5万円かァ だったら まー いっか…

ムガーーッ
いいわけないだろっ
ゴウ
5万でごはんが何杯食えるんだっ
おっ
落ちつけ――
は――……
参ったなあー
とり子も怒るよなそりゃ…
…ま
勉強代だと思うしかないよな…
ふー
ペコ
勉強…
そういえばオレの場合金利とか景気とか…経済の勉強って全然してないじゃん?
!
それだあっ
びくぅ

そういうのファンダメンタルズっていうのかー
特にアメリカの指標発表は大事‥‥
なあんだ！これで相場が読めるじゃんか！
ますます FX
むゎーだやんのかぁっ
FXっ
ぐわ
おっお願いしまスッ
どうしてもこのままじゃ引き下がれないんだよーっ
!?
かっ考えてもみろっ
ウチは2人ともフリーランスなんだぞっ
オレの仕事だっていつまでもあるという保証なんかないっ
うっ
つるっ
ひいいいいいいい
なんか効いてるっぽいぞ…
おっ
とり子だって売れないマンガばっか描いてるんだからそのうち仕事なんかなくなるぞーっ
しししし…
ズシ

ファンダメンタルズ…「経済の基礎的条件」。GDP（国内総生産）や、鉱工業生産や失業率などの経済指標から判断する投資手法のこと。

仕事がなくなり そのうえ インフレで 物価が 上がってみろっ
資産価置は 下がるっ
今は デフレだが…
貯金だって アテにならないんだーっ
金利も 安いし
資産は自分で 増やさなきゃ いけない時代 なんだっ
たいして ないケド…
むうううう う…
ふっふっふ…
ムン
じっじゃあ 言いたいんだ けど…
そんな 適当な トレードしないで もうちょっと勉強 してからやれば!?
だから さっき ファンダ メンタルズの 勉強を…
あ なるほど…
え
じゃ いっかー
がんばって 儲けて くれ――
えふ えっくす
フレー フレー
うん
そうする…

インフレ（インフレーション）…物価が持続的に上昇する状態。原因はさまざま。一例として、商品やサービスの需要が増え、供給が追いつかない場合、価格の上昇によって調整されることで発生する。

FXの基礎知識 ③

ロスカットって怖いの？

ロスカットとは、**強制決済**のことです。

取引中に含み損が増え、必要証拠金を上回ってしまうと「自動ロスカット」というシステムでFX会社が強制的にポジションを決済（損切り）し、損失が確定します。

勝手に損切りするなんてヒドイ！
お互いのためなんだ
ヒドイわけじゃないんだよ…

キャー
ロスカットの壁
損の波
バシャーン！
助かった…

トレード中は「こう動くだろう」という思い込みによって損切りを入れずに放置してしまいがち。必要証拠金が十分にあり、含み損に耐えていられるうちはよいのですが、相場は予想外の動きをするものです。**もしもロスカットのシステムがないと、含み損が自分の資産をオーバーして、借金をすることにもなりかねません。**ロスカットは資産を守る重要な防壁なのです。

ただし「FX会社による損切り」であるロスカットにリスク管理を委ねて、自分で損切りをしないのは計画的なトレードとはいえません。

ロスカット条件が
証拠金が必要証拠金（取引総代金の**5**%）の**25**%（取引総代金の**1.25**%にあたる）を下回ったらロスカットの場合

1ドル**100**円のとき**10,000**通貨買った

⇓

必要証拠金は
100円×**10,000×0.05＝50,000**円

ロスカットの下限は
50,000円×**0.25＝12,500**円

必要証拠金がここまで下がるとロスカットされる

つまり…

50,000－12,500＝37,500

37,500円の含み損が出た ⇒ ロスカット
（**1**ドル**100**円が**96.25**円に下落した）

これがロスカットまでの道だ!!

出来れば避けたいけどねー

ドル/円
100.00
96.25
ロスカット
5万円あれば買えるのかー
それはそうだけど…
ここまできたら自動的に3万7500円損するからね!!

第9話♦月に1度の指標祭り
ねーねー
借りてきたDVD見よーよ
あーダメだよ今ー
たしか11時に指標だから…
22:40
しひょー？何それ？
言ったじゃんアメリカの経済指標の発表があるんだよ
うおっ
今日雇用統計じゃんっ
祭りだ祭りーっ
……
なんの……
ことやら…
フラッ
いいやひとりで見るから～
気が散るから話しかけないでね
オレだっジャックバウアーだ!!

米雇用統計…就業者数の増減で、景気や金利の上げ下げを判断する。米労働省が第1週金曜日、ニューヨーク現地時間午前8時30分に発表。発表前後は、通貨も取引量が増加し、価格も大きく上下する。

ぬぬぬ…事前予想から分析するとドル円上昇のきざしっ
発表後すぐチャートが動くから集中しなければっ
すごい勢いで動いたりすんだよね…
すぐエントリーできるように
買いの準備しとこ…
カチ
23:00
ピッ
すわっ11時っ
それ見ろ上がったァーーっ
クリック!
買いだっ
つつー
なっ
なーんちゃって
つつつー
くそおムカついたっ
このままポジション持っとけ
塩漬けじゃーーっ
ドカーン
うわっまた上がったっ
どうしよう!? 利確する!?
と思ったら下がったーっ

エントリー…仕掛け。買いや売りといった注文を入れること。手仕舞いはエグジット（Exit）。

でさー
雇用統計で…
儲かったわけ?
ピー
読みが見事にハズレちゃって…
真逆に行っちゃって…
ジタバタしててプラマイほぼ0…
トポポ
はあ!?
読みぃ～!?
その本かせっ
雇用統計ってギャンブルかなんかなのかいっ
ばっ
なになに…
米雇用統計は発表前に経済アナリストが数値を予想…
アナリストの予想をモトに相場を読むのか…
へー
しかしはずれることも多いので要注意…だあ!?
アナリストなんて信用できんの――!?
天気予報みたいなもんなんじゃないの――!?
…でも専門家だぞ
プルプル
発表の結果を自分の目で確かめてからおもむろにトレードすればいいじゃん?
それもそうか…

アナリスト…分析をする人。ファンダメンタルズから分析する人、テクニカル指標などから数値予想を行う人など、スタイルはさまざま。

1カ月後
さあさあ
今夜は待ちに待ってた米雇用統計!!
パカリ
時間だっ 雇用統計の数値はどうだ!?
まだ出ない…
そうか… 時差があるからすぐには出ないんだな…
3分経過
や… やっと数値が出た…
たしかに先月より雇用者数は減っている
ということは下降トレンドっ
ゼーゼーハーハー
それっ
自信を持って売りポジションだ!!
あ…
…あらららららら?
発表時間
おもむろにトレードしようとしたら…
下がりきってすでに上がっててグダグダの揉み合いになっていました…
祭りは終わっていました…
ポジション持てず…!!
そっ
そーなの…?
あとの祭りよー

揉み合い…小幅な値動きを繰り返すこと。小幅に一定の範囲を上下するだけの小動きの状態、またはほとんど動かない状態のこと。

第10話◆テクニカルってなに？
はははは
タモさん面白ー
…ん？このテクニカルってなんだろ？
やけに詳しく説明してあるなあ…
ねーねーこの「テクニカル」っていうの…
使ってみたの？
てっテクニカル…？
なんの話でしょうか…
現実逃避するなっ
うゅー
っっ
やめろぉゲロ吐くぅ
グラグラ
うぷ
テクニカルっていろいろありすぎて面倒くさいんだよ…
相場の反転や保ち合い放れを判断してくれたり
だってすぐれもんじゃん…
売り買いを判断してくれたり…

保ち合い放れ…保ち合いとは、上値抵抗線と下値支持線に挟まれた動きを一定期間にわたって継続すること。「放れ」とは、保ち合いの状態から脱し、上または下に大きく動き出すこと。

使ったら いーじゃんかっ
ボイジャー バインド でもっ
ストック キャスティ ングでもっ
覚えろっ
使えっ
ペシ
ペシ
ボリンジャー バンドと ストキャスティクス なんですけど…
トレンド系 ボリンジャー バンドの場合
この
うねうね 帯がボリン ジャー バンド！
中心線
+2σ《シグマ》
+1σ《シグマ》
+2σを 上抜けたら 売りシグナル −2σを 下抜けたら 買いシグナル！
※あくまでも 1例です
じゃ ここが 買いシグナル か〜
−1σ《シグマ》
−2σ《シグマ》
中心の線は 移動平均線で 上下の帯は標準偏差 なんだって
ドンブラ こっこ
ドンブラこ
だから上か下に 抜けたときは 相場が反転する 可能性が 高いんだって
はね返 されてら…
ボリンジャーさん という人が 考えた指標だ そうです

移動平均線…過去の一定期間の株価の平均値から求める。５日移動平均線であれば、過去５日間の終値の平均値。テクニカル分析の指標としてもっとも基本的なもの。

オシレーター系ストキャスティクスの場合
トレーダーの傾向を見るものだって
コレね
略してストキャス～
ただし強いトレンドが発生した時は注意！
（シグナルの意味が逆転してしまう「ダマシ」が発生しやすい）
買われすぎラインがでたら売りシグナル売られすぎラインがでたら買いシグナル！
あっココ売られすぎ
買いシグナルってことか
ストキャスは逆張りに使うと良いってさ
文系なのに…
あー疲れた…
ボリンジャーとストキャス組み合わせて使えばいいんじゃね？
…。
あのさー…とり子一体どうしちゃったの？
前はあんなに反対してたのに…
FXの神でも降りてきたのか？
ただ本に書いてあること言っただけだよー
やるのはそっちだからねーっ
15万の損くらいはとり返してくれ
う
自分でやればいいのに…
まいーややってみるか
ものは試し…

標準偏差…統計値や確率変数のばらつきを表す数値。σ（シグマ）で表す。１標準偏差（１σ）のなかにデータの68%が収まる。２標準偏差（２σ）以内に95%が収まる。

逆張り…ほかの投資家（トレンド）の逆をいく投資手法。

タイムテーブルを確認！

為替相場は市場の状態によって**大きく動く時間帯、そうでない時間帯があります。**特に重要な、東京・ニューヨーク・ロンドンの市場をチェックしましょう。

各市場のオープン直後は値が飛んだり予想外の動きをするので注意が必要です。ニューヨークとロンドンが開いている時間帯は値動きが大きく、東京市場のみの時間帯は値動きが小さい傾向です。自分に合う時間帯で取引しましょう。

	東京		ニューヨーク		ロンドン	
	6:00		16:00	株式市場クローズ	21:00	
	7:00		17:00		22:00	
	8:00	指標発表	18:00		23:00	
	9:00	株式市場オープン	19:00		24:00	
	10:00	仲値発表(9：55)	20:00		1:00	
	11:00		21:00		2:00	
	12:00		22:00		3:00	
小さく動く	13:00		23:00		4:00	
	14:00		24:00		5:00	
	15:00	株式市場クローズ	1:00		6:00	
	16:00		2:00		7:00	
	17:00		3:00		8:00	株式市場オープン
	18:00		4:00		9:00	英指標発表
	19:00		5:00		10:00	
	20:00		6:00		11:00	
	21:00		7:00		12:00	英政策金利発表
	22:00		8:00	指標発表(8：30)	13:00	欧州政策金利発表
大きく動く	23:00		9:00	株式市場オープン(9：30)	14:00	
	24:00		10:00	指標発表	15:00	
	1:00		11:00		16:00	株式市場クローズ
	2:00		12:00		17:00	
	3:00		13:00		18:00	
	4:00		14:00	FOMC政策金利発表	19:00	
	5:00		15:00		20:00	

※欧米ではサマータイムがあります（2010年現在）

●ロンドン

3月最終日曜日午前1時～10月最終日曜日午前1時

●ニューヨーク

3月第2日曜日午前2時～11月最終日曜日午前2時

むゎーだやんのかぁっ
FXっ
ぐわ

第11話◆コミュニティのぞいてみる
トレードで大損はしなくなったものの利益はチョッピリ…
これじゃ「損小利小」じゃん
チョビチョビチョビチョビだもんな…
ちっさいなーオレっち…
「損大利小」よりはマシか…
ほかの人はどういうトレードしてんだろ…
チョビチョビチョビ
ねーねー見て見てー
FX日記UPしてる人いっぱいいるよー
おっ
それだーっ
デイトレ生活トレード日記
今日はレンジ内の上下だったのでスキャルで大漁です!!
うほほ
……
うまくいってる人もいるんだねー

シグナル…テクニカル分析によって、このときに売買すれば利益が出る可能性が高いというときに出るようにさせるサインのこと。

損小利大…損をしているときはすぐに損切りをして損額を少なく抑え、利益が出ているときは利益が大きくなるまで待てという相場の格言。人間心理としては、正反対のことをしてしまいがち。

……ん？
110
今35万損切りしました…
次の給料までカップめんです…
111
LCで資金ゼロ
明日からどうやって生きていけば…？
ジュカイ行きかあ？
112
300万ロスカット
ついでにリストカット
本当は怖いFX
FXは魔
なめたらアカンFX
どよよ〜ん
吊り
一家
FXで転落人生
やっぱりさあ利益なんか少なくたって…
損しないほうがいいよね？だよね？
う、うん…
でもそれならいっそやらないほうがいいのでは……
くわぁ

相場の底

うーん これはもう「底」でしょ
どう見ても…
ここは大きく「買」か!?
今が「底」なんてよく分かるねー
?
景気の底だって誰にも分かんないっていうし…
ふっふっふ… それは…
パソコンの画面のスペースがもうないから
何となくそう思っちゃうのだ!
エー
んなアホなっ

第12話◆FXバーに行ってみる
最近どうもFXが分からなくなった…
ぼーーっ
チャートをながめて3時間…
何この時間?
ポジション持とうって気がちっとも起きないぞ……
そうだ　さんがいたっけ
そもそもやりはじめたのはジンジャーさんのせいだっ責任取ってもらおう…イヤ…
相談してみよう
――なら今度いっしょに行ってみます?FXバー
FXバー?そんなのあるの!?
現役トレーダーが経営してるお店で…
集まるお客さんも面白いんですよ
パソコン持参で行くんですかーっ
おーカッコええーっ
立ち直り早っ
1週間後
おおっ
ここですよー
キィ

ここがFXバー…
うわーポンドル上がってるっ
友達連れてきましたー
おっこんにちは
ここのオーナーの
モリゾーですはじめまして
モリゾーさんは本物の1億円トレーダーですよ
えっ
1億!?
おっ
ドル円きましたねー
米ドル/円 95.25
ユーロ/円
ポンド/円
豪ドル/円
スイス/円
ザザッ……っ
うおっ

よーしっ
なんかやる気出たぞー
オレも目指せ1億だっ
はじめまして
mio miomaです!
今日はどんな予定ですか?
よっ予定!?
あっ
かぁ
空いてるっちゃ空いてますけど……
トレードの予定…計画のことですよ
け、計画?…とりあえずドル円をですね…
あせっ
94円くらいになったら買ってみよっかな――
なんて感じです今のところ……
ちょっと待ったぁ――
びくぅ

損切り…損失を確定すること。損失が出る状態で決済をすること。

質問です
あなたにとってFXのトレードってなんですか？
はあ!?
いきなりどうしたんだこの人～!?
えっと…うまくいけば収入が増やせる…ゲーム？みたいな…
…FXはあなたの大事なお金を使ってやるわけですよね？
う…
本当にそれでいいと思いますか？
計画とは…
利食いと損切りの数値まできちんと考えることをいいます！
指値
逆指値
テキトーなトレードはダメ…!!!
そんなことまで考えてやるものだったのか!?
テキトーに成行で売ったり買ったり決済したりしてただけの人
…知らなかった
がんばりましょうっ
ポン
はは…はいっ

利食い…利益を確定すること。利益が出る状態で決済をすること。

第13話◆トレードノートを作った
FXも計画が大事なんです!
まずはトレードノートをつくるのがおすすめ!
…って言われたっけ買っていこうっと
日足のチャートを貼るといいですよ
面倒がらずに…
ガー
そうだった…
日足日足…
A4ヨコでプリントっと
し
しまった!!
ノート小さすぎたっ
B6版
こんなに折るハメに…
買い直しじゃあっ
ダダッ
?
げっ
リングノート買っちゃったから…
今度は…
チャートがデコボコに!!
B5版
じゃかあっしゃっ
ノートがどもしたあっ!?
仕事中

日足…24 時間足。1 日の値動きを 1 本のローソクで表したもの。

トレードノートだよ!
A4版
オレのトレード
やっとできた…
何書くのそれ?
はーん
ポジション持ったらすぐに利益と損額まで自分で決めちゃうんだよ
自分で決めます
例えば建玉に対して指値は30ピップス上、逆指値は20ピップス下、とかね
今まで成行注文で成行決済だったけど…
FXは計画的に
利食いと損切りも計画的にやるべきなんだそうだっ
指値注文と逆指値注文は
自動で予約しておけるんだぜー
知らんかったぜ…
予約? じゃあチャートながめて待ってなくていいんだ?
便利じゃーん
勝手に決済されるってこと…?
おー
そう!
そして決済されたら結果もノートに書くのだっ
ノートにはどんな意味が?

ノートをつけると…
なんか生まれ変わるらしいんだっ
はあ？
よーしジャンジャン計画するぞお
ノートにつけまくるぞぉっ
おっ支持線を下抜けそう…
95円になったらすかさず売ろう
今だっ売りクリック!!
カチ
通貨ペア 売/買 建玉 指値 逆指値 仕切値 ロッ
USD/JPY 売 95,00 94,70 95,20
えーと…
売りだから指値は30ピップス下逆指値は20ピップス上と…
OCO注文で予約完了！
よっしゃあオレって計画的!!
久しぶりにポンちゃんと遊ぶかー
おー
すごいすごい
遊んでら…
ズダダダダ…

OCO 注文…「One Cancels the Other Order」。片方の注文が成立したらもう一方の注文は取り消し。

40分後
損切られていました……
がくー
しかも1度95・20円をちょっと抜けたあと…
急降下してるじゃんっ
持ってれば1万円くらい儲かったのにっ
あの〜
損切りって本当にただの損なのでは…
っさいなもー
今回はたまたま下がっただけで逆にいって大損してた可能性もあるんでしょ
キリないよそんなの
そっか
ひくっ
もっと負けじとポジションとりまくろうっ
→ポジポジ病
数打ちゃ当たる!!
はい死んだ
はい死んだ
トレードノートにマイナスばかりが並んだんですけど…
損切り貧乏…
エー

ポジポジ病…ポジションを持っていないと不安になってしまうこと。デイトレーダーに多く見られる。

注文方法はいろいろある！

ポジションを取る、決済する、指値を置く、逆指値を置く、それぞれ単独または複合して注文する便利な方法があります。デモトレードで自分に合った注文方法を見つけ、早い値動きにも対応できるよう練習することも大切です。

★成行注文

FX会社の表示する売値、買値の**現在値をそのまま売買する。「約定値にこだわらずに、できるだけ早く買いたい（売りたい）とき」**に使う注文方法。価格はやや不利になることもあるが、即座に約定できる。クイックトレードともいう。

★指値注文

約定希望価格を指定する注文方法。

自分の指定した値段か、それよりも有利な値段になった場合、注文が執行される。

ほんの少しの差で約定しないことも多い。

★逆指値注文

「●●円以上で買い」「●●円以上で売り」と、**損が出る方向に置く注文方法。**

逆指値注文を入れておけば「もう少し待っていれば利益が出るかも…」などの心理に邪魔されることなく、ルールどおりに損切りができる。

★IFD(イフダン)注文

IFDとは「If Done＝もし○○した場合」という意味。

一度に二つの注文を出して、最初の注文が約定したら二つめの注文が自動的に有効になる注文方法。

最初の注文が成立した場合、そのポジションの指値、または逆指値を同時に予約できる。

★OCO(オーシーオー)注文

OCOとは「One Cancels the Other Order＝**片方の注文が成立したらもう一方の注文は取り消し**」という意味。

高いレートになったら売り注文、安いレートになったら買い注文が約定される。

持っているポジションに対して指値・逆指値を入れられるが、成立するのは一方（自分にとって有利な注文）だけ。

★IFO注文

IFDとOCOを組み合わせた注文方法。

建玉の予約から指値、逆指値の予約まですべて自動的に行う。

ずっと相場を見ていられない人でも計画的に売買できるので、とても便利。

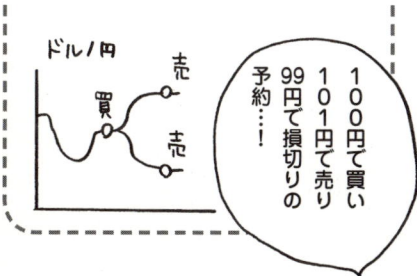

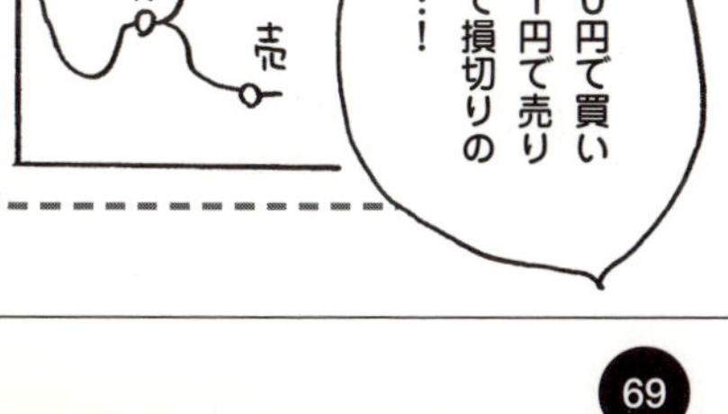
ドル/円
売
買
売
100円で買い
101円で売り
99円で損切りの
予約…!

いろいろ
ありすぎて
よく
分かんない…
習うより
慣れろだよ
やってみるべ

第14話◆長い目で見てみる

失敗するたびにノートを作ってたら…
うぅぅ…
心機一転…
貧乏神がついてる
新しくしよう
ポイ
こんなにトレードノートがたまってしまった…
オレのトレード②
オレのトレードNEW
キシャー
ノートは最後の1Pまで使いきる人
使いかけのノートがそんなにたまるなんて信じられんっ
あんた短気い!?
ぼぼくは…わりと短気なんだな
たしかにオレってじつは意外と気が短いんだよねー
見かけによらず…
そういえばモリゾーさんが言ってたな
FXには短期トレードと長期トレードがあるから自分に合ったやり方をするとよいですよ

短期トレード…一般的に、スキャルピング、デイトレードなどは短期トレードと言われる。

短気なオレが短期トレードしてるからむしろよくないのかも…
もっと長い目で見よう
パラパラ
スイングトレードの場合、指値も逆指値も100ピップス以上にする……
ふーん
それゆけFX
短期的には下げトレンドでも…
15分足
15
長期的には上げトレンドだったりもする
日足
D
なーるほど!
!
この場合買いポジションを長く持っておく…
ポン
人生は山あり谷あり
FXも然り!!
D
細かいことは気にするなってことだな!?
この小さいウネウネは見ないんだな!?
それだっ
それならむやみに損切りされないで済むし!
ブン
また目先を変えてやがる…
ヤキモキしないで仕事に集中できるぞー
ときどきチラっと見ればいいんだ
チラ

む…
-8000円になってるけど…
ここはグッとこらえるんだよね？
長い目で見よう長い目で…
ひ――ん
もしもし…デザイン出しは明後日でしたよね？
え？タイトルの書体を変えるんですか？
チラ
うわあ損切りラインギリギリ…
どーなる!?
書体は…もしもし？聞いてます？
すっすいませんもう1度お願いします
……
めちゃめちゃヤキモキしてんじゃん…
1週間後
いやあーいいねースイングは!!
スイングに向いてたんだなオレ
ぱく
フラフラしながらも逆指値に届かないで上がってくれてさー
1万円とれたよ～
へーよかったね
その調子で15万も取り返せるの？

うっ
げふ
それを言うなよー15万なんて勉強代だと思えば安いんだぜ
みんな100万円単位で損してるんだから
箸振り回すなよ…
みんなって誰？
人は人、ウチはウチじゃん
…みんななんて人、知らないもんね
フン
うぐぐぐぐぅ…
そんなっ
くそー
とり子め
せっかく人が調子よくやってるのになんだよ〜
オレが気分いいとすぐぶちこわすようなことばかり言うよなーいつも…
そうだ!!
一気に大きく儲けよう!!
ここはひとつ枚数を増やして…

第15話◆ナンピンの穴
次の日の夕方
オレは今…
打ち合わせ帰り
カンが冴えているのだっ
ここでグズグズしちゃいかんっ
あれ？お帰りー
あのね今日は鍋にしようかと…
先行くよーーっ
?
今まで1枚だったから「利」が伸びなかったんだ
もっと枚数を増やしていこう
すぐにロスカットされないよう口座にもっと入金を…
よーし
ガンガンいくぞお
妙にやる気出してる…
イヤだなあ…
ドル円はどう見ても下げトレンドが続くな……
アメリカの景気悪いし…
日足

ナンピン…難平。平均取得コストを下げるために行う。買った通貨や株式が下落した場合に安値で買い増すことをナンピン買い、売った通貨や株式が上昇した場合に、高値で売り乗せすることをナンピン売りという。

と思って
15分足を見ると
上がってるんだなー
これが
15分足↓
ここは上げに
上げた高値で
「売」だぜっ
!
売クリック
3枚いこう
3日後
まだ
どんどん
上がってる…
3日前より
20ピップスも
上がってる…
15
むむむ…
もっと
高値
つかめる
じゃん
もう2枚
売っとこう
売クリック
……
まだ
上がるかっ
あと1枚
売っとけっ
にゃろー
売じゃ売っ
さあこれで
しばらくは
値動きを
見守るぞ
指値も逆指値も
入れなくていいやー…

ドル下がれー
どんどん下がれ
ドル下がれー
カー
利食いが楽しみだなぁー
次の日
あれ？まだ上がってる…
今までにナンピン3回で…
売
売
売
含み損が4万円超えちゃったか…
なんのこれしき!!
ぶつぶつ
逆に買っとけばそれくらい儲かってたってことで…ここでひるんでちゃダメだ！
悔しいぞっ
こうなったら再度ナンピンじゃっ
一気に取り返すためにもあと2枚くらい売っとこう!!
その夜
明日はきっと一気に利食いだよ…
ごそ…
うう
なにコレ？
やけに重いな…
ZZZ…
ずしーー
含み損①
含み損②
含み損③
うわあーっ
上により大きいのがあるーっ
ううう…

ガバァ
ドキドキ
ドキドキ
ドキ
チャートはどうなってる!?
もみ合ってる…
こんな時間だし当たり前か…
明け方ごろ起きてなかったー？
えっ
ノドがかわいたから水飲んでたんだよー
…なんか隠してるでしょっ
何をだよーやだなあもう
家でやってるとヒヤヒヤするよ…
ケータイでもトレードできるもんねー
ひょい
IDとパスワード貼ってある
それにしても…
そろそろバーッと下がらないかなあ…
M字○ゲになってきた

どのチャートを見ればいいの?

相場の流れが分かるチャートはFXトレードの命綱。**相場の流れを読むことができます。**

チャートには「足」と呼ばれる時間別の種類があります。主に「日足（24時間足）」「60分足」「30分足」「15分足」「5分足」などがあります。

値動きのトレンドは「短期」「中期」「長期」で違うので、トレードの計画によって見るチャートを変えます。例えばFXを森だとすると、5分足が葉、

FXの森
じー
木も見て森も見ろ!

15分足が枝、60分足が木、日足が森、ということになります。数十分で決済するトレードのときは「5分足」～「15分足」を見ますが短期のトレンドは長期のトレンドに含まれるため、**自分のポジションの確認のためには「日足」も見ておくこと。**木も見て、森も見ることが大切です。

★日足

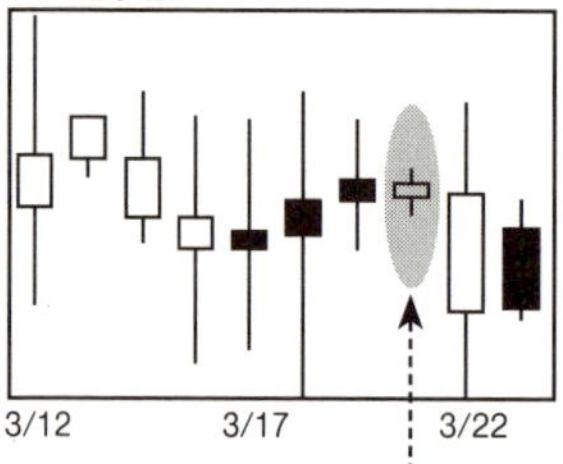
3/12
3/17
3/22

24時間で1本のローソク

★60分足

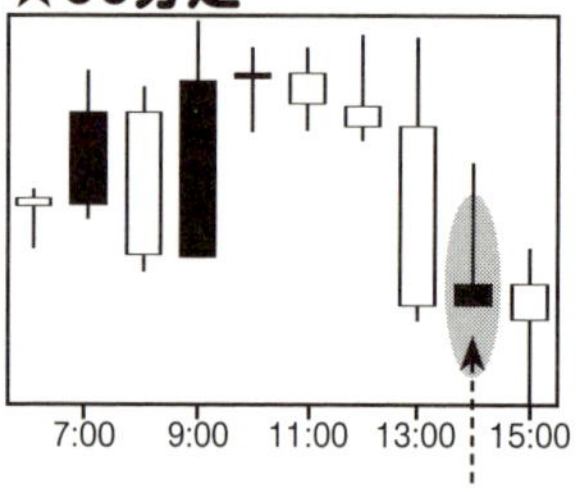
7:00
9:00
11:00
13:00
15:00

60分で1本のローソク

★15分足

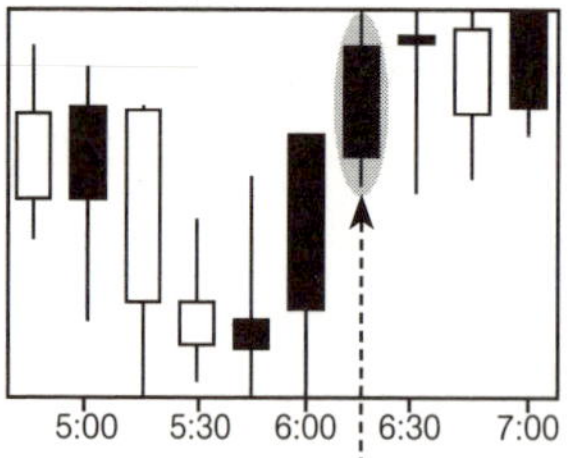
5:00
5:30
6:00
6:30
7:00

15分で1本のローソク

★５分足

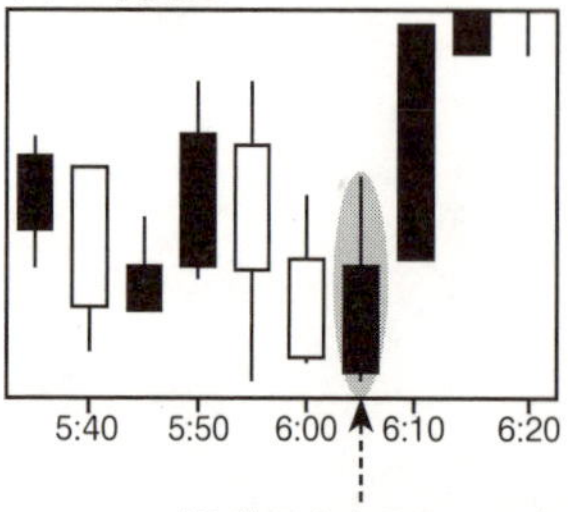
5:40
5:50
6:00
6:10
6:20

15分で1本のローソク

「スキャルピング」
「デイトレード」
「スイングトレード」
の違いは
ポジションを
持つ期間だ!!

スキャルピング

短時間トレードのこと。数分～数時間でエントリーから決済まで行う。1日数時間しかできない人に向いている。チャート足は主に「1分足」～「15分足」を見る。**利幅は小さめに計画して、回数を増やすのが一般的。**

デイトレード

1日に数回のトレードを行う方法。スキャルピングはデイトレードの中に含まれる。1日何時間ものチャートを見ていられる人向けで、**損益幅が大きく、熟練度を要する。**デイトレーダーにFX専業者が多いのはそのため。チャート足は「5分足」～「日足」まで幅広く見る必要がある。

スイングトレード

FXにおいては、数日の間ポジションを維持して、利幅を大きくとるトレード方法のことをいう。一般的には**枚数を増やし、損切りポイントを遠くに置く。**1日のあいだに数分間しかチャートを見られない人に向いている。主に「日足」を見てトレンドを見極める。

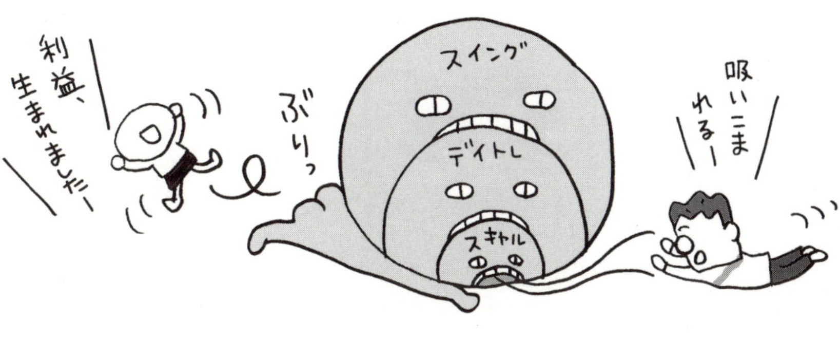
利益、生まれました―
ぶりっ
スイング
デイトレ
スキャル
吸いこまれる―

第16話◆そして祭りは終わった
写真のデータはCDに入れておきました
レイアウトは…
…………
こうして仕事の打ち合わせをしてる間にもチャートは動いている…
今どーなってるかな～…
あのー大丈夫ですか？
はっはいっ
いかんいかん…
うお!?
ちょっと下がり始めてるぞーっ
今日金曜日だっけ？指標のせいなのかな？
やった——一気に下がるに違いないっ
よっしゃ!!
おーい焼肉でも行こーぜーっ
えーなんで？珍しいじゃん

チャートがさあオレの思ってたほうに反転したんだ
これから一気にプラスが出そうだぞー
待ってた甲斐があったっ
へー
そりゃ良かったね
いつまでも上がり続けるわけないいんだ
これからパーッと下がって大収穫さっ
えーとあと特上カルビとタン塩と〜
メニュー
ウンウン
お会計3万2100円になります
うっ
足りるのおー?
こそ
足りるってーイヤだなあ…
ん!?
金利の引き上げを受けて一気にドル高傾向…
ガクガク
ブルブル
?
サッ
かっ
帰るぞーっ
はあ?
イヤな予感が胸をよぎりました

金利の引き上げを受けてドル高…ある国の金利が上がると、投資家たちが上乗せされる金利を得るためにその国の銀行にお金を預けたり、債券を買ったり、FXで金利を得ようとして需要が高まり、通貨が高くなる。

大きい画面で見てもやはり急上昇しているっ
あたり前…っ
で含み損が…
-120,000
12万円……!!
ドックン ドックン ドックン
どうしよう…このままだとロスカットだぞ
証拠金を追加する? それとも…っ
ドックン ドックン
しっしかし今日は金曜日…
土・日をはさんでどうなるかもわからない…
追加することでさらに損がふくらむことにもなりかねないぞ…
もうイヤだ〜
ううう…
ちょっと
大丈夫!?
ふ…不整脈です…
とり子にひとつ…
お願いがあるんだけど…

エッ
救急車でも呼ぶの!?
そ…損切りお願い
はあ!?
今マイナス12万5000円…
これで決済すんの?
そ…それでお願い
ホントに……!?
なんでもっと早く損切りしとかなかったワケ!?
聞いてんのー!?
あれ?
ニフ然…
うううう…
ええっ!?

FXの基礎知識 ⑦

スワップ金利って儲かるの？

「スワップ金利」とは、**通貨ペアの2国間の金利差**のことです。FXでは、ポジションを**1日持ち越すこと（ロールオーバー）で利益を出すこともできます。**ドル／円など金利差が少ない通貨ペアよりもドル／ランドのような金利差の多いもの（金利の高いランドを買って、金利の低いドルを売る）を選んだほうが多くのスワップ金利を得られます（2010年4月現在）。

持っているだけで利益が出るのだから楽に儲けられると思いがちですが、実際はリスクを伴います。

①長期間持っていないと大きな利益にならない！

マイナー通貨の場合、為替変動が激しく、資産が耐えられない可能性があります。

②利益ではなく損になることもある！

レートや金利の変動で金利差が逆転することも。その場合、マイナスになってしまいます。

スワップ金利は為替トレードのときにもらえるちょっとしたプレゼント、くらいに考えておいたほうがよいかもしれません。

あの～
これ少ないけど
どうぞ
スワップ
くん
10円
あー
忙しい
忙しい…

第3章

妻が立つ！

第17話◆妻のリベンジ

だっ大丈夫なのー!?
FXトレードの失敗で男性ショック死!!
よもやこんなことに!?
静かにしてれば平気…
それよりも損切りを…早く…
……
ポチ
損切りしたよ…
ホッ
…良かったあ これで安心できる…
ピー
オレもう
FXやめるわ

ふー……
今まで損した30万はど〜なる!?
不整脈が…
ウッ
…そうだね やめたほうが いいよ!
ウン ウン
「FXでプラス収入を得ている人はFX人口のたった1割である」
「あとの9割は1年以内に敗退している」だって
それにしても9割って……
FXってそんなに勝てないものなんだ?
真っ白に…燃えつきたよ…
統計的にはアレも当然ってこと〜?
チラ
「負ける原因のひとつは損を取り返そうとして意地になること」
ドツボる人々……
15万はとり返せ…!!
あわわわ。
私があんなこと言ったからか〜?
うわ〜
ホントに?
やだーもー…

なんか・・・
ドガーン
FXそのものに・・・腹が立ってきたあっ
あのねー ジンロクの かたき
私が とることに した！
えっ？
まさか FXやんの？ やめときな よー
どこかで 聞いたような セリフ・・・
やるん だったら 1割に なるっ
その1割が いるところって あそこしか ないでしょっ
1割？
場所教えてっ FXバーのっ
あー モリゾーさん のとこ・・・
勝ってる トレーダーと いっしょに トレードして くるっ
何かある ハズっ 勝つ秘訣がっ
フンッ
あのー
行くんなら パソコン 持っていった ほうが・・・
おっと・・・

「売」と「買」

FXやってる人の9割が「買」しかやらないんだって
なんで?
「売」も出来るところがいいところなのに?
持ってもいないものをいきなり売るっていうのが
感覚的によく分かんないからじゃん?
そーなの?
その点オレは
エッヘン!
「買」注文も「売」注文もあざやかに出してたぞーー
あ…
その「売」で大敗したことを思い出した人
?

第18話◆FXバー修行!?
FXバーにやってきました
えっ
ジンロクさんそんなことになっちゃったんですか?
はじめましてとり子です
カタキうちたいんでいろいろ教えてください
常勝パターンをつかむまでデモトレードを1~2カ月やったほうがいいって言ったのに…
もうリアルで
そんなに負けてたとは…
ボクも言ったんだけどなあ
「分かりました」って言ってたよね
ビクトリアさん
聞いてねえ…
そんな話…
私は今でも調子の悪いときはデモトレやってますよ
トーマスさん
慣れてくるとへんなトレードグセがつくから
自分を鍛え直すためってかんじですかね
すげえっ
鍛える!? FXの技を!?
勝ち組サーチアンテナ
ピーン
鍛えるのは技やテクニックではありませんっ
ずい
メンタルなのです!!

負ける原因はひとつだけです
ルールを破ること
すなわちメンタルの弱さです
ルール?
そのルールって何ですか!?
ピーン
勝つためのルールがあるの!?
勝つためのルールなんてありませんっ
ルールは自分で決めるんですよっ
じ 地蔵!?
そ、そーですか…
「とりあえずやってみよう」と始めるとFXは必ず失敗します
まず始めに資産設計をすることですよ
どうですか?資産設計してますか?
し、してません…
というか設計するような資産がないぞ…
どんな資産をつくるのか決めなければ増えません
「いくらを いつまでに いくらにしたいのか」をハッキリと!!
カキカキ
例えば300万円を10年後に1億円に増やしたいとして…

元手を2割ずつ増やすとすると…
300万円×1.2×1.2×1.2×1.2×…≒1億円
20回で1億円になる
10年で達成したいのだから
120÷6＝6
6カ月ごとに2割増しで間に合うわけです
うわー緻密に考えてるんだなあ…
計算ニガテ→
に2割増し…ですかー
300万→360万→432万→518.4万
→622万→746万→895万
→1074万→……
ほらこうやって増えていくんですよ
20回繰り返せば1億円!!
ん？300万円はムリだけど30万円ならなんとかなる？
ってことは6カ月ごとに2割増やしていけば10年後には1000万円!?
ちょっとヤル気がわいてきました!!
そうでしょう
実際にFXでどうやって増やすかというとこの最初の6カ月でいえば…
60万÷10000倍×10枚
＝6円（6か月）
10枚トレードの場合1カ月に1円のプラスになればいいということになります
たったの1円…

20営業日として…1日5銭ですいけそうでしょ？
5銭…5ピップス…けっこう楽勝かも!?
って待てよ…
「FXトレーダーで勝っている人は1割」
なぬ
そんなに楽勝なら9割も負けないよね…
あの——っうまくいかないとき…マイナスが出たときはどうするんですか!?
損が出るのはあたり前です損をその日のうちにとり返そうとしないこと
ノルマ5銭 → −6銭
65銭のおくれ
1〜2か月
例えば1〜2カ月かけて取り戻すなど
リスク管理をしないとね
目標の10年が11年12年になったりは仕方ないこと
元手を失わないことが大事ですからっ
FXをギャンブルにするか資産運用にするかはあなた次第ですよ
なむ——
トレードの秘訣どころか…最初からつまずきそー
おっユーロきたね
ヌケましたね
みんながまぶしい…

モリゾーの

FX道場

1の巻

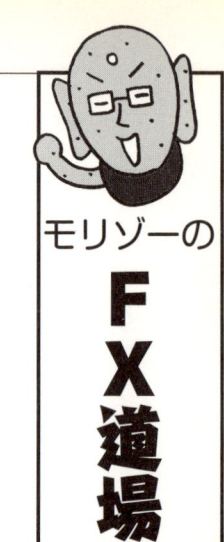

**ギャンブルも
ルールを守れば
資産運用
投資とて
やりたい放題
それギャンブル**

株やFXのトレーダーには、トレードを「ギャンブル」と言われることを嫌う人も多く、ギャンブルと言えば、パチンコや競馬、カジノのことだと考える人も少なくないようです。しかし、これは簡単に一線を引けるものではありません。

FXで資産を増やせない、つまり負けている方には共通点があります。それは、**見ているとやりたくなる、ダメだとわかっていてもエントリーする、負けると熱くなる、後悔する、勝ったときに気持ちが大きくなる、調子に乗る、大きくエントリーする、増えた資金を大事にしない、**などです。

まさにこれはギャンブルに当てはまる心理なのです。

たとえば、パチンコや競馬、カジノで生計を立てているギャンブルのプロに言わせれば「勝てる可能性の高い場面しか手は出さない、楽しむためだけにはやらない、むしろ楽しまない。だから勝っている」と語るでしょう。

ギャンブルか資産運用かを分けるのは、ステージ（対象）ではなく、そのステージでどう行動するかです。

トレードをギャンブルにしないためには、安定して勝つための心構えとメンタルを育てることから始まります。

第19話◆資産設計してみる

資産設計かぁ…どうしよう
10年後に1000万円っていうのも…何に使うのソレ!?
といっても1年後に100万円ほしいっていうのもなあ…
どうだったーモリゾーさんのとこ?
みんなすごいちゃんとしてたでしょ
最初の資産設計っていうのが…もうムリ
全然考えられないんですけど…
とりあえずオレの損した分を取り返すのが目標でいいんじゃ!?
はあ!?
モリゾーさんが「いきなり始めたら20~30万円損するのなんて当たり前」って言ってたよー
なんか私らスケールちっさいんだよっ
スケールちっさ
グサ
ガーン
それよりもさー具体的にいくらほしいかってよくよく考えると分かんないよー
えーお金なんてあればあるほどいいんじゃないの??
?
?

そういう考えだからFXで失敗するんだっつーの
そーなのかなぁ
モリゾーさんいわく…
FXトレードで負けないコツ…それは「欲張らないこと」!!
1日のノルマがとれたらそれ以上トレードしないでやめなさいってことだよ
まだ上がってたけど今日はおしまい
ポチッ
目標額が決まってなかったらそんなのムリでしょーが～
でも「利はできるだけ伸ばせ」って言葉もあるよ
そーゆーのはもっとメンタルが強い人がやることなんだよきっと…
普通の人は欲張るから損するんだよ
でいきなり何書いてんのそれ?
10年後にどうなりたいか書いてみてんの
ビジョン無さすぎ…

うううう…
① 山を買う
② ドイツに住む
③ キャラクター御殿を建てる
ちがう
どれもこれもリアリティがない…
オレたち今さー借家住まいなんだから…
普通に「マンション買う」とかでいいじゃん
あー…
目標１０００万円にして頭金に…とか？
それがリアリティってもんだろーがあ!!
何サマだっ
つまらん…
いっかそれで…
残りのローンはジンロクに払ってもらお…
元手30万円を10年後に１０００万円にする…と
ってことはぶっちゃけFXで1日にいくら儲ければいいの？
？
文系
計算ができないー
やって
なぬう!?
一応理系
ハードル下げて1日5銭からにして…
問題はだんだん枚数を増やすことなんだよ
パチポチ
えーと
バリボリ
♪

第20話◆妻のトレード！
口座開いて30万円入れたよー
デモトレもやったし…
えっと1日のノルマは5ピップス？
そう！5ピップスはずっと変えないで…
だんだんトレード枚数を増やすやり方考えた 最初の1カ月は1枚 2カ月目は2枚…
ここでうれしいニュースっ
計算したらなんと4年で1000万円達成できちゃうんだぜー
エッ
マジで!?
ひと月ごとに枚数増やすやり方だと30万円が4年で1176万円になるのだっ
モリゾーさんは2割増しがどーのって言ってたけど…？
いいんだよ そこは自分のルールで…
そんな計算できるのになんで負けんの？
トレードは思いどおりにはいかないものなんだっ
イヤ…はっきり言おうっ
オレはメンタルが弱いんだっ
いばることか…?

その点とり子は…
ヤンヤヤンヤ
ふてぶてしいから大丈夫！
ほめてんのかいっ それはーっ
とにかく毎日5ピップス取ればいいんだよね
5ピップス5ピップス…
30分後
あ 取れた
ポチ
今日のノルマもう達成したよー
チョロいよな
500円だもんな
どれどれオレも…
やるな!!
1日5ピップス以上はやらないんだってばー
それにアンタはやめたんでしょーがっ
すいません…
次の日
エントリーしたものの…
ふー…
ずっとマイナス10ピップス前後をウロウロ…

うわーっ
いきなり
マイナス30ピップス
になっちゃったっ
どーしょー
どーしょー
…でマイナス
1500円で
損切りした
んだけど…
モリゾーさん式に…
ノルマの500円
プラス1500円で
2000円の遅れ…
20日かけて取り戻すとして
20日間は6ピップスの
トレードにすれば？
あー
なるほど…
21日目からは
5ピップスに
戻すって
ことか…
明日も
明後日も
マイナス
だったら
どーすんの？
そしたら
えーと
…
少しは
自分で
考えろよー
すごすご
あ
はい…
損切りって
いつすればいいのか
分かんないや…
チャートの
見方も
分かったような
分からない
ような…
ちょっと
出かけてくるー
また
モリゾー
さん
とこー？

モリゾーの

FX道場

2の巻

増える過程が
大事なのは
お金も髪も
おんなじだ
どう増やすかで
決まる
長～い友だち

〝投資で資産を増やすためには、勝たなくてはいけない。でも、そう簡単に勝てないから投資はできない。負けたときにお金が減るから、投資はやらない〟……

投資をしない方のなかには、こう言う人もいます。

しかし、安定した資産運用をする場合「勝たなくてはいけない」というワードは、それほど重要ではありません。しかし「勝たなくてはいけない」のイメージが強すぎて「勝ち続けなくてはいけない」「負けたときにしっぺ返しが大きい」と完璧主義なイメージが植えつけられているのです。

もちろん、勝たないと資産は増えませんが、負けがあっても資産はしっかり増えます。まずは、減らさないところから始めることです。**どれだけ勝てば資産はどれだけ増えるのか**をしっかり理解することで資産運用は成功します。

たとえば、１００万円から始めて、5年かけてゆっくりと1億円を作りたいと考えたとします。これをFXで考えてみると、1日10銭程度を取れれば、十分に達成できます。

短期間ではなく、長い期間で資産運用を成功させるためには、お金の増え方をしっかり理解することが重要です。

第21話◆チャートのこと

またまたFXバーにやってきました
この前は資産設計の話で終わっちゃいましたもんね
そうなんですやり方がよく分かってませんでしたー
ちょっと待ってくださいね
いつ来てもチャートを見てるなあ…
やり方というよりも…
大事なのはトレードの計画なんです!
とり子さんは「今から上がるか下がるか」予想してエントリーしてるでしょう?
はい
「上がるはず」「下がるはず」と思ってやってます
それですっ
それが大きなまちがいっ
びくぅ
エントリー前に「上がったらどうするか」「下がったらどうするか」を考えてください
いざエントリーするときは「なぜ買うのか」「なぜ売るのか」説明できなければいけませんよ
いつも2手3手先を読むべし!!

なぜと言われても…
あのー
?
みなさんはどういう理由やタイミングでエントリーしているんでしょうか?
チャートをよく見ているとシグナルが出ますよ
エイミーさん
ボクは指標後の調整時を狙うかな…
りょうたっさん
チャートって面白いものですよ
こうして上がったり下がったりしてるのはみんなの気持ちってことですからね…
いやーホントに面白いなあー
これが本物の勝ち組トレーダーの姿か…
チャートを愛しとる…
とり子さん抵抗線と支持線は知ってますか?
あ はい
抵抗線
支持線
チャートが上にいくのを跳ね返すのが抵抗線でその逆が支持線…
こんなふうにもみ合ったあとどちらかにヌケたときは…
伸びるというのも
?

調整…例えば「上昇を続けてきた株価が、横ばい、または一時下げること」をいう。

夫が家でずっとそういうこと言ってたような…
「三角保ち合いからのブレイク」とか…
ヌケたから「今だ！」とエントリーすると必ず逆に行くとも言っていました
それはね
「ダマシ」です
一気にトーンとヌケるとすぐ戻ることがある
←ダマシ
じっくりもみ合いつつ動いてるのを確認してからエントリーしましょう
いずれにしても…
チャートというのはよく似た動きをします
1日くらいトレードせずに動きを観察する日を作るのもいいかもしれません
なむ～
言われてみればよく似た山と谷の数々…
家でじっくりながめてみよう…
今日はありがとうございま…
そっ損切りですっ
損切りの仕方が分かりませんっ

ダマシ…テクニカル分析など、買いや売りの判断が予測しやすい局面で、結果として相場が予測と反対方向に動いてしまうこと。

モリゾーの

ＦＸ道場

3の巻

勉強しすぎるから負けるんだ　社会の常識は投資の非常識

　ＦＸトレードを始めようとする方は、社会において何かしらの成功経験がある方も少なくありません。ＦＸで成功するには努力が不可欠ですので、彼らにはトレードのための努力（勉強）をそつなくこなせる力があるということになります。

　トレード上達のためのセミナーや書籍、インターネットの情報は、たくさんあります。しかし、残念なことに、それらのファンダメンタルズやテクニカル分析だけを勉強したとしても、実際にはうまくいかないことが多いのです。

　すると「勉強が足りない」と思いこんでしまい「勉強が足りなければもっと勉強すればよい」というスパルタ思考が発動してしまいます。それは、今まであきらめずに勉強や努力を重ねたことによって成功した経験があるからです。

　しかし、**ＦＸで利益を上げるために必要なのものは、ファンダメンタルズやテクニカルよりも、資産の増え方や、取るべき1日の利益を考えること、そしてメンタルの勉強**です。

　ファンダメンタルズやテクニカルを勉強してもしっくりこない方は、少し視点を変えて勉強してみましょう。意外に早く成功への道にたどりつけることを実感できると思います。

第22話◆損切りの話
損切り…それはするべき場所が決まっていますし…
分かるも分からないもありません
もしかして目で見て損切りしていませんか？
はいっ目で見て損切っていますっ
ノルマは5ピップスだし短時間で終わるので…
実際マイナスが出ているのを決済できない人は多いですよ
OCO注文で…
見ていてなかなか実行できないなら逆指値を入れておくといいです
逆指値
あのー聞きたいのは損切りラインに届いていなければ
マイナスでも放っておいていいんですか…？
見ているのが辛い…
それがルールってことです
辛い時は見ないでください…
それって私じゃん
慌ててすぐに損切りするのは「損切り貧乏」のモトです
でも届いたのに損切りをしないのはもっとダメですよっ
なむー
損切りしないクセがついちゃうといつかは大損します
…！

モリゾーさんの損切りラインの見極め方を聞いてもいいでしょうか…？
おそるおそる…
チラ
この辺りが損切りライン
買エントリー
「ここまで行けばはね返すだろう」というチャート上の場所を見つけて10～20ピップス余裕をみとくって感じですね
そっか…できれば損切りラインに引っかからないではね返してほしいんだもんな…？
遠くのほうに置くということですか？
断じて違いますっ
ピキーン
あまりにも損切りラインが遠いときはむしろエントリーしないでください
チッチッチッ
はっ
今やっと意味が分かった…
エントリーするときからちゃんと計画するという意味が…
エントリーこそむやみにやっちゃいけないんだ…!!

慣れてくるとねエントリーのタイミングはどんどん減ってきますよ
ホーリーさん
日に1～2回しかチャンスがなかったりね
ってことは1日5ピップスとはいえ…チョロくはないってことかあ～!?
チャートの動きによって
短期トレードと長期トレードを使い分ければいいんですよ
そうそうもみ合ってるときは細かく利食って…
大きい値動きではゆっくりじっくり稼ぐのよね
トミーくん
ユータンさん
ただしっ
デイトレードのつもりでエントリーしたけど決済のタイミングを見失ったからスイングトレードに移行してしまった…なんていうのはダメですよ!
1に計画 2に計画 3、4がなくて 5に計画!!
すげーシビアじゃん…
が言ってた計画なんてもんじゃない…
自分の計画性のなさを思い知りました…
大丈夫大丈夫
その分ふてぶてしいから…

危険な日

あー今日はなんか肩が凝る…
集中できない～
トレードする気分じゃないなあ…
ん？FXトレードも体調によって
!
やらない方がいい日もあるのかなあ？
「危険な日」ならありましたねー
満月の日近くに「ご乱心」して無茶なトレードしてみたり…
カッピーさん→
ハハハ…
ウガー
シュビ
シュビ
シュビ
狼男!?

モリゾーのＦＸ道場

４の巻

イヤな損切り
せにゃならぬ
どうせするなら
良い損切り

なぜ損切りをするのか、あなたは分かりますか？

資産を減らさないため？　もちろん、それも間違いではありません。しかし、**もともと損切りは「これ以上いくと状況が変わる」ときに行うものです。**たとえば「上昇トレンドがここを過ぎると下降トレンドに変わる」タイミングです。

残念なことに、損切りの意味を理解せずに、ただ資産を減らさないために損切りをしている方がたくさんいます。

例えば「買ったところから30銭下がったら損切りをする」という場合、その30銭の損切りが入ったあと元に戻る、という事態が多発して、損切り貧乏になってしまいます。

損切りは本来、状況が変わるところにおくと決まっています。つまり、大切なのはエントリーなのです。できるだけ損切り場所に近いところまで待ってエントリーすることが不可欠となります。

これを守る力をつけ、そして実行することで、成功のためのエッセンスである損小利大が実現するわけです。

損切りをするべきところで損切り、利食いをするべきところで利食うことを心がけましょう。

第4章

ＦＸのある日々

第23話◆妻の1日
ユーロ止まったから…抜けたらドテン買い?
あーでもないこーでもない…
ここで買ったとしても…
ん?、待てよ…
おーいとり子ー
腹減らないかあー?
グー
19:52
あーもう8時か…
え?
あのさー…
もうちょっと時間決めてやったほうがいいんじゃない?
ピキーッ
自分だってFXやってたときはダラダラしてたじゃーんっ
ムカー
時間決めるなんてムリじゃね!?
値動きなんていつどうなるか分かんないんだし…
じーっ
だからそれマズイんだって…
結局何時間もチャート見ちゃうっしょ

ドテン…買いと売りの手を一斉に逆転させること。例えば、売りポジションで持っていたものを「底だ」と判断して手仕舞い、即座に買いポジションを建てること。

悪いことは言わんっ
これに行動計画を書け!!
ばーん
わたしの1日
じゃないと大変なことになるっ
んー目安くらいはあったほうがいいのかな
ぱく
あたり前だよ
0
1
2
3
4
5
6
7
10
11
12
13
17
18
19
20
21
22
23
フロ
すいみん
洗濯とか
FX
ブランチ
執筆
FX
夕食
執筆とFX
できたー!!
睡眠長くないか?
夜9時から4時間…仕事しながらFXやんの?
そーだよー
仕事、テキトーだなー…
チャートチラチラ見ながら書けるでしょ原稿なんてー
よーーしこのスケジュールどおり
やるぞおお

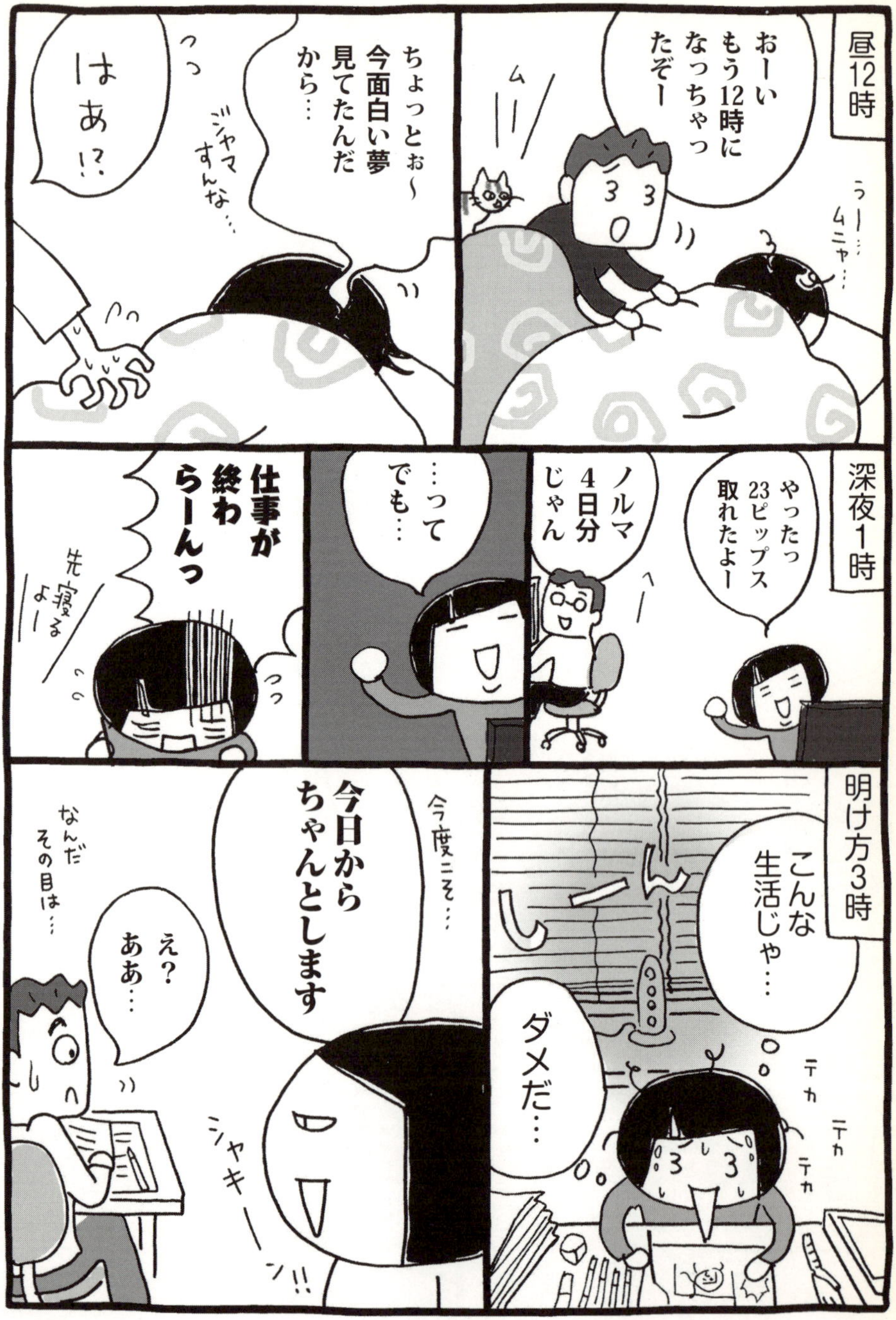
昼12時
おーい もう12時に なっちゃったぞー
ム
ウー… ムニャ…
ちょっとぉ～ 今面白い夢見てたんだから…
ジャマすんな…
はあ!?
深夜1時
やったっ 23ピップス取れたよー
ノルマ4日分じゃん
へー
…ってでも…
仕事が終わらーんっ
先寝るよー
明け方3時
こんな生活じゃ…
ダメだ…
しーん
テカ
テカ
テカ
今度こそ…
今日からちゃんとします
シャキーン!!
え? ああ…
なんだその目は…

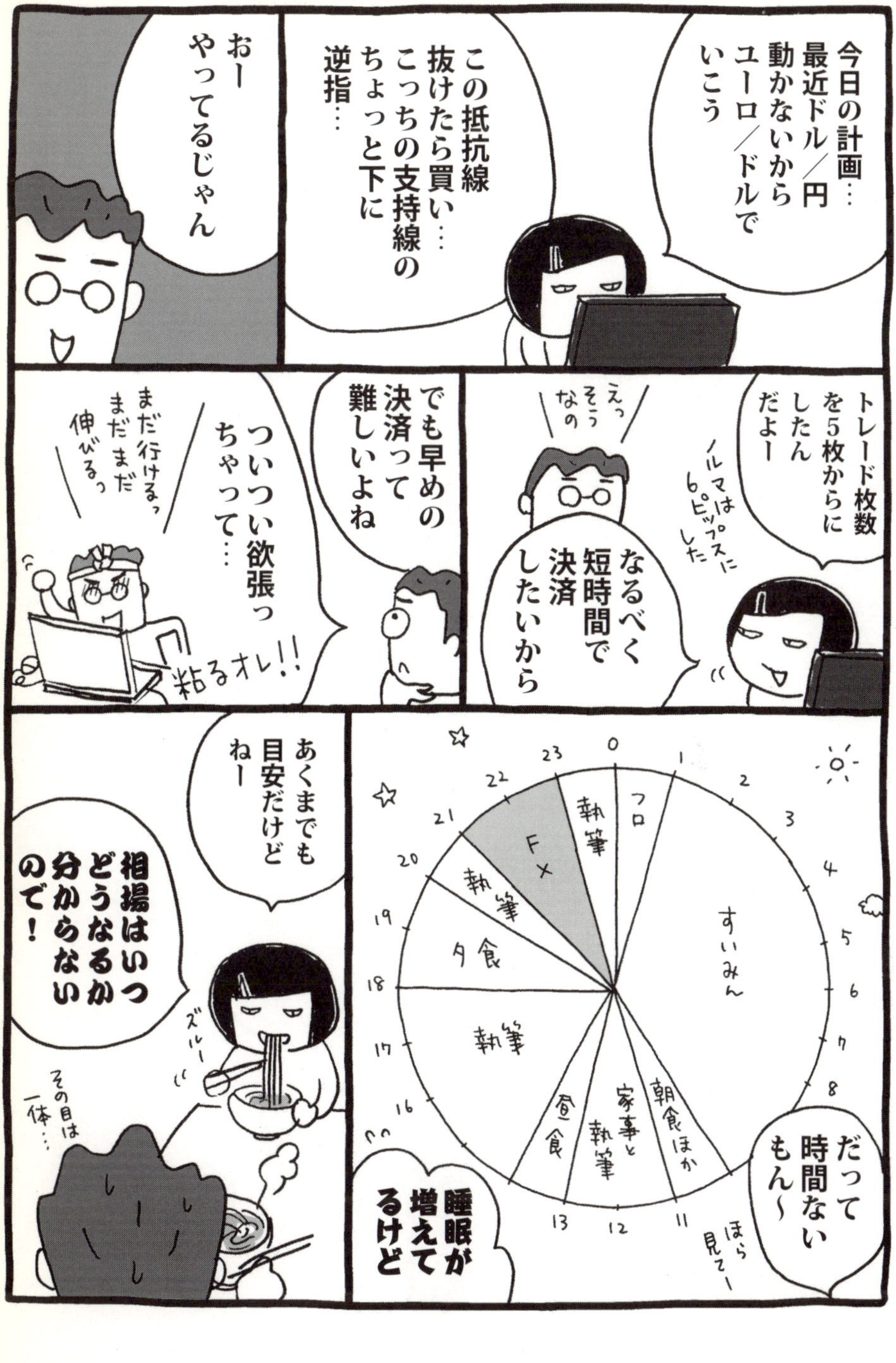

今日の計画…
最近ドル／円
動かないから
ユーロ／ドルで
いこう
この抵抗線
抜けたら買い…
こっちの支持線の
ちょっと下に
逆指…
おー
やってるじゃん
トレード枚数を5枚からにしたんだよー
ノルマは6ピップスにした
えっ そうなの
なるべく短時間で決済したいから
でも早めの決済って難しいよね
ついつい欲張っちゃって…
まだ行けるっ まだまだ伸びるっ
粘るオレ!!
0 1 2 3 4 5 6 7 8 11 12 13 16 17 18 19 20 21 22 23
フロ
すいみん
朝食ほか
家事と執筆
昼食
執筆
夕食
執筆
FX
執筆
だって時間ないもん～
ほら見てー
睡眠が増えてるけど
あくまでも目安だけど
ねー
相場はいつどうなるか分からないので！
ズルー
その日は一体…

第24話♦妻の計画
あれから考え直してみたんだけど…
1日6ピップス5枚トレードで3000円でしょ
1日3000円×20営業日で1カ月6万円のプラス…
この6万円を元手にすることにしたよー
なんだ…
計算できるじゃん…
FX口座に入れた30万円は使わないで…
6万円だけを2割増しにしていくんだー
はぁ
2カ月ごとに2割増やしていくと…
60000→72000→86400→103680 ・・・・・
ノルマは6ピップスのままで、枚数を増やしていく例のやり方で…
6万円が4年後には500万円に!!
マンション頭金にはなるっしょ
あれ?オレが言ってた1000万円計画は?
?、
私は汗水たらして稼いだ30万円を失いたくないいんだよー
いいんだよっこれでっ
まーとり子がやりたいようにやればいいけど…
ポリ

…で FX はじめて 1カ月… 順調に 6万円に なったの!?
ぎくう
せっかく 増えても 損切りして 減ったりして …
いじ いじ
まだプラス 2万 3000円 です…
すごいじゃ ないかっ
ぱあ
少なくとも プラスなんだしっ
ま 目標の 500万円が 8年後になったり 10年後になったり するかもだが…
なかなか 立派な もんだ
10年後って何歳に なっちゃうんだよ …もうローンとか 組めないんじゃ…
アラフォー 世代
…とりあえず 6万円になるまでは 1日3000円 ゲットがんばり ますー
オレも やろう かなっ
オマエは 仕事しろ
あ
ですよね…
すご すご

損切りしたことでテンパって何回もエントリーしてしまう…
これ絶対ダメー
損切りも淡々とこなすべしっと…
FX反省ノート
利益が出てもホドホドに喜ぶ…
ニヤ
計画どおり
カチ
利食いできたら今日のトレード終わりっと
買い物行ってこよ
パタ
どれどれオレがもいっちょ増やしておいてやるとするかぁ
エヘヘ
ウィーーン
ここでヌケてー
んーむむむ…
トレンド続行？
ユーロ／ドル戻ってくるかっ!?
ここで利食いだろっ…あれ？
次の日
このマイナス680円って……!?
-680
ナニ!?
すすすすいませんっ
つっ

気にすること

トレードするときに気にしなきゃいけないことって何ですか？
そうだねー…
クールKさん→
ボクはまずNY株式市場とNYダウをおさえるな
それと原油の動向もね
金利も見ながら
あとは
商品先物とかバルチック海運指数かなー
すべてリスク回避なのか
リスク選好なのかしっかり見極めてさ
は、はあ…
ちんぷんかんぷん

第25話◆FXのある日々
今日の株と為替の値動きは…
お
円高どうなった——？
そういえば1年前ってああいうニュースに何の関心もなかったよねー
株とFXの違いすら分かってなかった
ウン
今の日本の財務大臣が誰なのかとか…
大臣
経済に関する首相の発言とか…そういうのも気になるようになったし
仕事の打ち合わせでする世間話なんかもさー
1年前
○○駅前にできたお店のパスタランチ500円でー
現在
今後の世界の基軸通貨としてのドルはどうなっていくんでしょう
エッ
そんな世間話してんのとり子って…
ふへへ
まーね
ずず…

私とり子は起きたらまず相場をチェックするのが日課になりました
今日はどうかな…
むく
ふーーん
なるほど
ねーー
といってもすぐにトレードはしませんし計画だけは立てます
多少FXに左右される生活になりましたが…
あっ今日指標発表だ…
帰らなきゃ
うわーっ
ひーーっ
何この動き予想外じゃんっ
と言いつつしっかりノルマはゲットだぜ!
明日の夜さーこの映画見に行こうよー
ハハハ…
メリハリのあるトレード生活
ノルマが取れりゃお出かけだ
なんか食ってから行くかー
あっ あのお店入りたい
FXのある日々です!

モリゾーの FX道場

5の巻

失敗悔やんで
いきり立ち
さらに重ねる失敗を
今すぐじゃ
なくていい
明日やれることは
明日やろう

われわれ日本人はとても勤勉に育てられてきました。

家庭から社会生活まで「今日できることは今日中にやれ」と教えられ、会社では「失敗はすぐに取り戻せ」と言われ、誰よりも努力する者が成功するとされています。

しかし、投資においては、ときに努力家の勤勉さが足を引っ張ってしまうこともあるのです。

例えば、勝つためにトレードを学ぶのはすばらしいことです。しかし、知識だけが増えすぎて、結局どの知識を使えばいいのかが分からなくなり、ミスが増え、損切りばかりになってしまう人が多くいます。そして勤勉であるがゆえに、損をすぐに取り戻そうとして、さらに失敗を重ねてしまうのです。

損切りはつらいことですが、必ずあるものと考えてください。損を無理やりその日のうちに取り戻そうとせず、数日に振り分けて常に気持ちに余裕を持たせることが重要です。

今日やろうとするな、今日できることはいつでもできる、がFXトレードでの定石と心得ましょう。

社会における成功者の常識と、FXでの成功者の常識とでは真逆の部分も多くあります。しっかり理解してください。

ガバア
ドキドキ
ドキドキ
ドキ

とり子のレポート

FXトレーダーに聞きました！

普段は聞けない
現役トレーダーの
リアルな日常を
レポートします！

カッピーさん
会社役員　40代（男性）
FX歴／3年くらい

●普段のトレード時間
午後3～5時間くらい。

●主なトレード通貨ペア
ドル円、ストレート通貨。

●トレードのスタイルは？
裁量です。

●使っているFX会社は？ その理由とは？
FXブロードネット。逆指値がプライスの直近に入るため。

●FXを始めたきっかけ
組織に頼らず、自分個人で稼ぐ力が欲しかったから。

●FXヨカッタ話
チャート上のスキルだけでなく、メンタル、資金計画にも意識が行くようになったこと。いろいろな年齢のトレーダーの方がおり、友達になると、とっても楽しいです。

●FXドンヨリ話
満月近くになると、「ご乱心」して無茶なトレードに走り、負けが込んだこともありました（苦笑）。具体的にはロスカットに熱くなり、取り返したくて、すぐに十分な根拠なしにエントリーしてしまったことです。

●私はこうして失敗から立ち直った！
周りに実際に成功している仲間がいたため、とにかくできるまでやろう、と考えられたから。

●FXに出会った後生活がどう変わったか
この年令になって、真剣に勉強したり、自分と向きあったりできたことがすばらしいと思いました。

●これからの目標
自分の目標を設定して達成していくこと。1日10ピップス安定的に獲得することです。

●これから始める方にアドバイスをするとすれば？
いい先生を見つけること。

ユータンさん
主婦　30代（女性）
FX歴／1年未満

●普段のトレード時間

ながら見ですが、起きていれば1時間に1度は値段は確認する。チャートを見て「○時間くらいはすることない」と思ったときに家事をする感じなので、予定がなければ基本的にはトレード中心な生活。夜中にふと目が覚めたときも、携帯でレートだけ見ちゃう。

●主なトレード通貨ペア

ドル円が中心+ユーロ・ポンド・オージー。ドル円が中心なのは、10銭を確実に最終目標の枚数でトレードができると思ったから。また、ドル円は動きがゆるやかで見ている時間が長ければトレードチャンスがあり、そこで利益を出す練習をした通貨ペアだから愛着がある。

長時間15分足で見ていると、抵抗線を超えられなかった直後の動きや、支持線を割れずに戻ってくる直後の動きがすごくよく分かるときがあるから好き。動きが悪いときでも、ちょっとしたきっかけで動き始めると、調子に乗っているように感じたり、抵抗線を超えようとするときは、チャートがエイッ!　って頑張っているように見える。大きな指標の時は、抵抗線や支持線を超えたり割れたりしないように指標を待った動きを感じられるから。他の通貨はドル円ほど長時間見ていないので、今のところは日足の支持線と抵抗線を見つつ、15分足でチャンスがあれば…。

●トレードのスタイルは?

デイトレードが主でした。オージーの買いはスイングで。

●使っているFX会社は?　その理由とは?

3社、ポンドのスプレッドは狭いとこがメンタル的にいいです。オージー円みたいにスワップでも持ちたいのは、デイトレ口座と同じだと、利益を見て決済したくなってしまうので、分けたほうがいいと思います?

●FXを始めたきっかけ

始めようと思ったのは、09年の2月ごろ。1月に現在の住まいに引っ越すまでの1年半くらい、家のことばかり考えていたのですが、それが終わってしまったので、何か始めようと思ったときに選んでみました。

●FXヨカッタ話

リアルトレードに入ってすぐに、主人が会社を辞めることになったことを話したら、FXバーのみなさんが「よかったですね」と言って下さったので、世の中（失業は大変…）とここは感覚が違うことに安心し、私もそんなふうに思えるようにがんばろう!　と思えた。

●FXドンヨリ話

周りの人に、FXは危険だと思われ、心配され、仕事の紹介を受けた。レートを3歳児がダブルクリックし、成り行きで注文が入って焦った。レーシックで視力回復させ、充血とサヨナラしたつもりだったのに、チャートを見すぎて目がかすむ（歳かも?）。

「ここまで（支持線）来たら買いたい」と待っていると夜中になり…、平日は寝不足。目の下のクマは、FXの利益で買った化粧品でごまかす。

●私はこうして失敗から立ち直った！

まだ、始めてからそんなにたってなくて、大きな失敗はしていないと思います。損切りのときは形に残らない残念な妄想をして消化することにしています。例えば豪華ランチを食べたとか、駐禁を取られたとか、韓国へ旅行に行こうとしたら天気が悪くて飛ばなかったとか、ハワイに行こうとしたのに寝坊して飛行機に乗れなかったとか。

●ＦＸに出会った後生活がどう変わったか

前は、子どもが帰る前に家事をしていたけど、最近はいないときにはチャートを見るようにしている。子どもが帰ってきてチャートが見られないときに逆に家事をするようにしたら、子供が手伝ってくれるようになった。私もありがとうという気持ちから、他のことで怒ることが減ったかも？

●これからの目標

目がかすむ→めまいで今デイトレードはお休み中で、整体で体調を整えているところ。軽い持病もあるので、悪化させないようにチャートを見る時間を減らしつつ、利益は確保したい。そのためには、日足チャートをもっと理解する必要があるので、もやもやしているところをクリアにしたいです。でも、1番はメンタルを強くすることかな？ 夏ごろまでに50枚でトレードしたいので。

●これから始める方にアドバイスをするとすれば？

資格を取るのにも学校に行けばお金がかかるので、私はＦＸで生計を立てる力をつけようと思いました。始める前は、もっと簡単かな？と思っていました。

私が安定した利益を出せるようになったら、旦那サマに遠慮がちに節約している専業主婦のお友達に勧めようと簡単に考えていました。

ＦＸ自体は誰でも簡単に始めることはできるけど、計画が立てられなくて、手法も自分のものにできてないもどかしさを感じたころを振り返ると、今は、それを乗り越え、点と点が線につながってクリアなことが増えているところです。ＦＸはチャートを見て、自分で売買を考えられるようにならないと、ですね。

●影響を受けたＦＸ本は？

主婦が稼げる、と謳ったピンクと黄色の本。自分の手法を変えたくないので、手法としては使ってないけど、きっかけなので。株をやっていたときに、『投資苑』（アレキサンダー・エルダー著）とか『マーケットの魔術師』（ジャック・D・シュワッガー著）買いました。パンローリング社の本、高いけど好きです。『実践ＦＸトレーディング』（イゴール・トシュチャコフ著）も持ってます。はじめたばかりのころだったので難しかったですが。

子育てしながらでもＦＸトレードは出来るんですね！

ヴィクトリアさん
専業トレーダー　40代（女性）
FX歴／2年

●普段のトレード時間

何時間でも生活時間以外

●主なトレード通貨ペア

ユーロ、ポンド、オージー、ドル、カナダなどのストレートとクロス。得意な通貨というよりは自分が日足チェックして追える通貨ですね。

●使っているFX会社は？　その理由とは？

逆指値の変更がほぼ現在値に近いところで行えるから。あとサブプライムのときにたくさん預けてある会社は返してもらおうと思ってスイング口座として残しています。

●FXを始めたきっかけ

義兄の影響です。姉から「だんなが年率5パーセントくらいで運用してくれると言うので少しお金を預けた」という話を聞いて、普通預金しかしていなかった私は（運用に興味がなかったんですね〜）「なんだろう?」って反応しました。サブプライム問題でざっくりとやられたときは「普通預金に置いていけば良かったー」と思いましたが、今は!!　です。転職を考えていた時に始めて「このままトレードで生活できるかも」と思い、そのまま専業の修行に入りました。

●FXヨカッタ話

トレードは個人の弱点をメンタルで強化しないとうまくいかないと最近は考えていますので、色々な意味で成長していると感じています。ドンヨリ話のストーリーを無駄にしない！　って未来を明るく考えていること。メンタルが強くなったことと行き当たりばったりだったのに先を予測してイメージを描くようになったこと、です。

●FXドンヨリ話

始めたばかりで「チャートって何ですか？　テクニカルって何ですか?」という、とほほな状態で思いっきりサブプライムローンでやられたこと。どのくらいやられたかというと、うーん、これって姉には内緒なんですが8桁です。

私の適当なトレードを兄が心配していてどうなのかと聞かれたときに正直に言えませんでした。しかーし、しっかり稼いで「実はね…」という話をする予定です。

●私はこうして失敗から立ち直った！

自分で決めたルールを守る！　あいまいにしていると、負けるからです。

●FXに出会った後生活がどう変わったか

どっぷりFX漬けの日々です。トレードで失敗するということは自分の苦手なところだという意味で、人生の修行をしている感じです。夢も広がりました。

●これからの目標

がっちり稼ぎます。ワイナリーを持つことと里親をすることが目標なので、FXで勝つことと同時に人生のパートナーもGET！　です。いい方がいたらよろしくお願いします。

●これから始める方にアドバイスをするとすれば？

デモトレードをリアルと同じ感覚で行い十分に練習をしてください。

ジンジャーさん
フリーのITエンジニア・
コンサルタント　30代（男性）
FX歴／3年

●普段のトレード時間

7時〜8時、17時〜18時、2時間くらい。

●主なトレード通貨ペア

ドル円、ユーロドル。分析している時間が他の通貨ペアより長いので、比較的自信をもってトレードできます。

●トレードのスタイルは？

裁量的システムトレードといったらよいのでしょうか。エントリーのサインはほぼ固定されていますが、実際にエントリーするとき、見送るとき、ストップの位置は定式化しにくく、チャートパターンや日足と日中足の関係性などで分析してそのつど判断しています。デイトレードメインで、スイングも行っています。

●使っているFX会社は？　その理由とは？

口座を開いている会社は10社以上ありますが、実際に運用しているのは2社です。業者によっては、現在値より10ピップス上下でないと指値がだせないといったひどい縛り（私にとっては）がありますが、こういう縛りがなく約定が安定している業者さんをメインで使っています。

●FXを始めたきっかけ

輸入販売の仕事をしていたことがあり、為替の変動に関しては興味がありました。FXだと手軽に取引できると知ってはじめました。もちろん簡単に儲かるはずだという根拠のない思惑を持ちながら（笑）。

●FXヨカッタ話

最初のうちはとにかく勝てばヨカッタ話です。だんだん一時的に勝つことは大して重要じゃなくなり、いかに安定して勝てるようになるかが大事になってきます。その鍵は自制心にあると私は思いますが、この自制心をきちんと保てているなっと思えるときはジンワリとヨカッタと感じます。具体的には、チャートをきちんと分析し、計画を建て、たてた計画どおりにトレードし、勝敗を問わず感情的動揺があまりないトレードをしばらく続けることができたときでしょうか。感情的に開放された感じのヨカッターっていうのは、気の合う仲間と一緒に相場を読みきり（読みきったつもりになり）トレードして、狙いどおりにみんなで勝ってお互いに喜びあうっていうのはすごく楽しいですヨ。

●FXドンヨリ話

ルールが守れないことに対する自己嫌悪がドンヨリする話でしょうか。トレードをするうえで、もっとも大切なことのひとつは自分で決めたルールを守ることだと思います。そのことが痛切にわかるようになってからでも、ルールを守ろうと誓ったその日にルールを破り、感情にまかせてトレードをしてしまったことが何度かあります。そんなときは自分がなんと感情的で弱い人間かということに気づかされて落ち込みます。ルールを破って含み損を翌日に持ち越したりすると、もう1日嫌な気分です。連勝が続いた後にトレードをなめてかかり、ルールを破る。なんとか負けを取り返そうとしてルールを破り無理をし連敗。そしてどんどん感情的になって、なし崩し的にルールなどなかったように過剰トレードしてしまう。私の場合たいていこのようなパターンでルールを破ります。

相場に対して謙虚さを常に持ち続け、素直に負けをみとめる誠実さと勇気を兼ね備えなければならないのだ！　と頭ではわかっていますが、自分が真逆の人格だということを相場から強制的に教えられてなさけない気持ちになりますねー。いけません。どんよりしてきました…。

●私はこうして失敗から立ち直った！

何ごとも時間が解決してくれるものです…。というのも事実だと思いますが（笑）、直接的にはトレードは資産運用のために行っているのであって、ギャンブルではないと理解したことです。ストップを置かないトレードはギャンブルであって、資産を増やす過程では必ずストップに刺さり資産が減る過程を経なければなりません。

失敗というのは「損をしたこと」ではなく、「損をしなければならないことを知らなかった」ことと言い換えることができるかもしれません。などと偉そうに書いていますが、トレード仲間の成功を目にすることが多くなってきて、自分はいったい何をしているのだろうかと恥ずかしくなって、やるからには結果をきちんとださねばと反省し、自分のトレードを改めて見直したというのが本当のところです。

●FXに出会った後生活がどう変わったか

値動きのない土日がさびしくなりました（笑）。あとプライスを確認するのが楽しいので、寝起きがよくなりました。

●これからの目標

満足いくまで資産を増やすことです。その過程で知り合えた皆さんと楽しく過ごしたいですね。

●これから始める方にアドバイスをするとすれば？

私ごときが何かアドバイスできるかといわれると自信がありませんが、自分の心を素直にみつめることがトレードをするうえで私にとっては最も必要な仕事です。たぶん他の多くの方にとっても同じなのではないかと想像しています。

●影響を受けたFX本は？

FX本かどうかはわかりませんが、『マーケットの魔術師』は素晴らしい本だと思います。成功したトレーダーの心構えに触れることができ、自分が何をし何をすべきでないのか考えさせてくれます。

トーマスさん

専業トレーダー ?代(男性)
FX歴/?年

●主なトレード通貨ペア

チャート形状が一定の条件を満たし、シグナルが出たときにエントリーしますので、通貨についての得意不得意はありません。でも、スプレッドが広い通貨はなるべく避けています。

●トレードのスタイルは?

デイトレが中心。利益が乗った場合はオーバーナイトしてさらに利を伸ばすこともあり。スイングは計画した場所でしか入らないので、チャンスは月に2～3回。計画したパターンになったらばエントリーし、利食い・損切りルールでイグジットするというのが基本。考え方はシステマティックなのですが、パターン認識をするのは人間なので、裁量や感情も入ります。

●使っているFX会社は? その理由とは?

デイトレ用の2社はスプレッドが小さいことを最重視。溜まった利益分は出金し、常に少額で運用。スイング～長期保有用はクリック365の取り扱い業者1社。低レバレッジで運用し、預け入れ金額が多いので、倒産リスクがないことを最優先。スプレッドが広くて手数料もかかりますが、取引回数が少ないので気にせず、業者リスク回避のための保険料と考えています。

●FXを始めたきっかけ

経営していたアパレルメーカーが不採算になったので思い切って事業を閉鎖。ということで、チョット早すぎた「ハッピーリタイヤメント」がきっかけ。FXを選んだのは、人事管理、経費の工面、在庫管理、苦情処理や銀行との折衝などなど…、から解放されたかったので。

●FXヨカッタ話

人事管理、毎月の給与や経費の工面、在庫管理、苦情処理、銀行との折衝、などなど…、できればやりたくなかった色々な「雑用」の全てから解放された。他人から束縛されなくなった。つまりは、自分のスケジュールは自分で、そして、自分のノルマは自分で決定でき、全てを自分のために、全てを自己責任で決着できるようになった。定年・退職がなく、生涯現役でいられる。時間と場所を選ばず、ネット環境さえあれば、24時間楽しめるようになった。

●FXドンヨリ話

円キャリートレード全盛のときは面白いほどに儲かった。(自分は天才だと思った)でも、過ぎ去ったときは、その何倍もの損失を被った。大底と思ったときに全力買いをした。でも、ソコは2階の床だった。翌日、1階の床まで叩き落とされた。情報商材を買い漁って試した。書籍も買い漁った。セミナーも探しまくり出席した。そして、儲からなかったとき、その人たちのせいにして、メンタルが弱い自分を正当化していた。政治や経済を勉強し、相場観を語ることが楽しかった。そして、相場では常にやられていた。

●私はこうして失敗から立ち直った!

相場とケンカしないようにし仲良しの関係でいられるようにした。騙されたり、すっぽかされても、カーッとならないメンタルを保つ努力をした。つまり、常に相場のことを想い、相場の気持ちを知り、相場の行きたい方向に一緒に行くこと(これは、恋愛中の相手を想う気持ちに似ている…)。

●FXに出会った後生活がどう変わったか

日々のスケジュールの中ではやるべきことが多く、1週間がアッという間に過ぎていくようになった。チャートが刻々と綺麗なフォーメーションを作っていくのを見ていると、神秘性や芸術性を感じることがあり、実に楽しく、1日が短く感じる。家庭の中では粗大ごみ状態から、経済博士と尊敬される状態になった。

●これからの目標

定年退職無し、生涯現役で活躍できる仕事としてFXを考え、年間で○○○○万円をコンスタントに、ストレスなく、楽しみながらとれるようになること。

●これから始める方にアドバイスをするとすれば?

世界中のプロたちが24時間戦っている戦場であるということをまずは認識すること。素人が素人のままで勝てるはずがないということを考えれば、方法は2つ。あきらめてFXをやらないか、徹底的にやるか。やるのなら、自分が納得する優位性のあるルールを見いだし、そのルールを執行するために必要なメンタルをキープすること。可能なら、FXを学べる場に身を投じたり、語り合えるFX仲間を作ること。

●影響を受けたFX本は?

今の方法にたどりつくまでに私を導いてくれた多くの書籍に感謝しますが、特定の本は挙げられません。相場の理論や手法などをいろいろと知ることは無駄ではないと思いますが、何が大切で、自分に必要なのかを見極める力ももっと必要と思いました。

FXをやるか、
やらないか、まずは
そこが問題なんですね!

miomiomaさん

通訳　40代（女性）
FX歴／4年くらい

●普段のトレード時間

できる日は朝6時〜8時、9時半〜17時。でも途中買い物や家事で抜けます。できない日は朝1時間くらいで仕事先で昼ごはんや休憩中に見るくらい。

●主なトレード通貨ペア

ドル円、ポンドドル、ユーロドル、オージードル、ニュージードル。得意かどうかは分かりませんが、ドル円、ポンドドル、ユーロドル、オージードルはいつも見ています。どの通貨ペアが得意かというより、やはり、その時々でやりやすい動きをしている通貨がやりやすいです。クロス円はストレートとドル円の両方を見ないといけないので、これからの課題です。ただし、スワップは細かい動きをそこまで追っていないので、金利差のあるオージー円をやります。

●トレードのスタイルは？

いわゆるデイトレ。スキャルまで短期ではありません。持っている時間は値が走れば、数十秒ということもありますが、数十分から数時間です。裁量トレードです。

●使っているFX会社は？　その理由とは？

過去においてはいいセミナーを提供している会社があればとやたら口座を開きました。

セントラル短資、外為どっとコム、インヴァスト証券→税制面のメリットを考えて、トレード頻度の低いスワップはくりっく365の会社ということでここを使っています。

トレーディングシステムズ→デイトレでは取引手数料なしのこの会社を使います。

●FXを始めたきっかけ

通訳をしていますが、子供ができ、時間帯を選ばざるを得ないなどハンデのあるなかで、収入を維持すべきかを考えていました。FXをやっていると市場のことも自然と考えるようになるので、いい循環になっています。

●FXヨカッタ話

行動経済学の本を読んで、自分のこととして受け止められた。自分を含め、人間の行動がいかに不合理かということが、リアルに分かりました。人間として生きていくうえで、すごく大事なことが分かってよかったと思います。もうひとつは、この年令で新しいことに真剣にチャレンジでき、その学習過程でいろいろ感じたおかげで、スポーツ選手のインタビューなどを聞いても、言っていることが分かるようになりました。

さらに、子供と過ごす時間を確保し、子供や親の急な用事に対応する柔軟性を手に入れ、かつ、収入を確保する目途がつきました。もちろん経済面のメリットが一番です。しかも、通訳という今までの好きな仕事を放棄することもなく維

持できそうなのは嬉しい。また、トレードを通じても同業者仲間ができて、交流の輪がさらに広がった。世の中を動かす「マーケット」の仕組みについてもトレードを通じて日々感じることができるのも嬉しいです。

●FXドンヨリ話

1日ずーっとねらっていたチャンスが来たので、ここぞとばかりに売ろうとしたら、パソコンが固まって、画面が戻ってきたときには、値段はもうはるか下に行ってすべて終わっていたことです。もちろん、うまくいかない、とか色々ありますが、まぁそれは学習過程ということでしかたないですね。もうひとつは、どこかで、FXについて、1カ月頑張ってやってできなかったら向いていないと思ってあきらめなさいと書いてあるのを見ましたが、一生懸命やって1カ月でできず、絶望的な気持ちになりました。のちに、それを言っていた人が「私も最初はいろいろ悩んだ」と言っているのを聞いて「なーんだ」と思いましたけど。

●FXに出会った後生活がどう変わったか

学習中はたしかに仕事中でも相場が気になったりしました。そういう時期には、仕事に影響が出ないように、「今はできない時間」と割り切ることが大事だと思います。特に私などまだまだ判断に時間がかかるので、仕事の合間にチャートを見て、入ろうかなというところがあっても、ずっと見ていないといけないようならば入らないようにするか、指値と逆指値を入れてこれならば放っておいても大丈夫というようにしています。

仕事もしつつ、FXもというので、時間の使い方を考えるようになりました。ノートパソコンを持ち歩いて出先のちょっとした空き時間で済ませられることは済ませるようにしました。あとは、トレードに慣れてきてからですが、部屋の整理が進みました。お金の管理をしないといけないと思うと自然と部屋の整理をするようになり、変なトレードをしないようにしようとすると、生活全般もきちんとするようになりました。何か連動しているように感じます。それに、仕事をしつつFXの勉強をしようとすると忙しいので、部屋が整理されていると、家事も早くできますし。まだまだ改善の余地はありますが。

●これから始める方にアドバイスをするとすれば?

安定して利益が出せるようになるまでは絶対デモトレードにすべきです。お仕事をしていらっしゃる方は本業に影響のないように。トレードの恐さを教えてくれるような本(私の場合は『まぐれ』(ナシーム・ニコラス・タレブ著、ダイヤモンド社)だった)を読むのをお勧めします。損切りは必ず置いておく。それを強調しないやり方は疑ってかかる。

●影響を受けたFX本は?

『予想通り不合理』(ダン・アリエリー著、早川書房)。自分のトレード行動が変になるのは不思議なことではなく、また、思っている以上に変になるんだということが飲み込めました。以前はこういうたぐいの話を聞いても、自分は違うとどこかで思っていました。『まぐれ』には、いかに儲けるかというより、最初に知っておくべき、一番大切なトレードの恐さ(とそれをどう防ぐか)を教えてもらいました。

AMYさん
主婦 30代（女性）
FX歴／？年

●トレードのスタイルは？

見ていられる時間が限られるので15分足を使った一日完結のトレードが多いです。

●使っているFX会社は？ その理由とは？

使っている会社は2社です。指標などのニュース配信が見やすいところと、スプレッドが狭いところです。

●FXを始めたきっかけ

ドルを買って旅行に使おうと思って、手数料の安い方法を探していたらばったり出会いました。

●FXヨカッタ話

私にとって一番良かったことは、トレーダー仲間ができたことです。この先、目標は少し遠いところにありますが、一歩一歩進んでいきたいです。

●私はこうして失敗から立ち直った！

ルールを守ること。毎日線を引くこと、チャートの意見をきくこと。確実なトレードができるようになりたかったので、学んだことは忠実にやってみようと思いました。

●FXに出会った後生活がどう変わったか

睡眠時間がなくなった…。たぶんそんなこと聞いてないね…。あ、生活はかなり充実しています。トリシェさんに会えたときはうれしかったけど、FXやってなかったらたぶんうれしくなかった（仕事の関係で、講演を聞きにいく機会がありました）。会場ではもちろん近くに行くことはできませんでしたが、何かお土産をと思い、その講演会場のホテルで買い物をしていたら、2mくらい（？）のすぐ横にいらっしゃいました。感動しましたね。

●これからの目標

経済的に自由になる。世界中、行きたいときに行きたいところに行きたい人といくこと。特に海が見えるところがいいな。充実して、落ち着いた生活（かなり個人的だー）。

●これから始める方にアドバイスをするとすれば？

アドバイスは…楽しみながら、トレード計画＆トレードをしてください。

●影響を受けたFX本は？

FX本でもないし、影響を受けたのとは少し違うのですが、『実践生き残りのディーリング』（矢口新著、パンローリング）を読んで、いろいろなことが理解できるようになり、チャートが言っていることが聞こえるようになりました（でも、もしかしたら、本のおかげではなく、読み終わった時期がそんな時期だったのかもしれません）。もちろん、良い本だと思います。

トミーくん
20代(男性)
FX歴／半年くらい

●普段のトレード時間
平均2時間くらい。

●主なトレード通貨ペア
ドル円、ユーロドル。

●トレードのスタイルは?
デイトレとスイングです。

●使っているFX会社は? その理由とは?
FXトレーディングシステム。成功している先輩が使っているから。

●FXを始めたきっかけ
知り合いがやっていて、うまくいっている様子だったからです!

●FXヨカッタ話
始めて半年以上たちますが、まだ日足の見方が分からない私です(汗)。が、そんな私でもうまく見ることができた経験も…。日足の支持線、抵抗線と斜めのラインを自分なりに引き、「ここかな? もしかして…」と思ったところで売ったとき2日間くらい時間をかけてゆっくり100ピップス以上下がりました。ポジションを持っている間は下がるか上がるかドキドキ…朝起きてチャートチェック! 昼休みにチャートチェック! ポジションを長い間持っていることのメンタリティーを勉強させてもらいました。

●FXドンヨリ話
指標前にエントリーしてしまい、指標後ポンドル、一瞬で120ピップス持って行かれました…。

●私はこうして失敗から立ち直った!
損切った後の損失は振り分けて、焦らずに次のトレードにつなげています。我ながら冷静!

●FXに出会った後生活がどう変わったか
昼は仕事ですが、FXを始める前は夜になるとダラダラしていることが多く、何もしていなかったような…。ああ、時間がもったいないですネー(汗)。今はおかげさまで時間を有効に使わせていただいております!

●これからの目標
着実にお金をしっかり稼いで、上京したいですね。

●これから始める方にアドバイスをするとすれば?
うーん。私もまだ半年なので…。ただ、やたらといろいろな本を読んだりしてよけいな知識を取り入れるよりも、これだ! と信じた道をコツコツ歩むことでしょうか。そう思います。

FXも人生も
地道にコツコツ…
それが大事!!

ロスカット経験

ここに集まってるスゴ腕トレーダーのみなさんは
もちろん…
ロスカットなんてされたことないんですよね？
ルールを守ってさえいれば
チッチッチッ
ロスカットなんてありえないですよ…！
やっぱりウチのジンロクとはちがうなー
ひー
さすが…
ボクはつい最近プライスの入力ミスで…
しんすけさん↓
ロスカットされました…
一同、シーン…

モリゾーの

FX道場

6の巻

**トレードも
仲間がいれば
がんばれる
でも
傷をなめ合う
仲間ごっこには
なるなかれ！**

トレードに必要なのは、自分の力だけ。わずらわしい人間関係もなく、実力のみで自己完結できる専業トレーダーにあこがれる方もいらっしゃるでしょう。しかしそれは、逆にいえば、一人で孤独と戦わなければならないということです。

日々繰り返しの作業となると、メンタル的に支えてくれる仲間はとても有効な存在となります。ただ、仲間づくりといっても有益な仲間と有害な仲間の2とおりがあります。

有益な仲間づくりとは、**トレード手法が同一で、どこでエントリーしてどこで損切りをして、どこで利食いをするのかなど、利益を追求したトレードの話し合いができることです。**

有害な仲間づくりは、目的もなく、単にFXをやっているというだけでつながりを持つことです。ひとつ間違えれば「あの人はいくら儲かってる」というウワサ話や「俺はこんなことまで知っている」と知識自慢大会、「こんなに損したことがある」など傷のなめ合い大会にもなってしまいます。

仲間とともに上達していきたいと本心から思っている方には、仲間づくりには慎重になってもらいたいですね。

おわりに

私がＦＸに出会ってから、もうすぐ1年になります。

相方（実際は事実婚なのでこう呼びたい）が我が家に持ち込んだわけですが、半ば巻き込まれるようにして「トレード」というものを知りました。

それまでは、株のことすらちんぷんかんぷんでしたし、そもそも「投資」というのは危険なギャンブルだ、と思っていました。

投資に関してテレビやネットから入ってくる情報が、おもしろおかしい「ボロ儲け話」あるいは「ボロ負け話」であふれているからでしょうか。

ＦＸをはじめとする「投資」というのは、汗水たらして働く「労働」とは別のもの、悪い意味での「不労所得」なのでは？　という認識がどこかにありました。

ネット環境さえあれば、家にいて収入を得られるなんて、よく考えたらものすごいことですね。雇い主もいないし、時間的にも拘束されないのです（最初のころは「それって現代の錬金術じゃん！」とすら思いましたっけ）。

しかし、実際にトレードをしたり、日々トレードで生活している人に会ったりして感じたことは「投資も普通の仕事と変わらないんだな」ということでした。

24時間３６５日、いつでも臨戦態勢ということですから、一般的に考える「仕事」よりも、もっとキツイと考えたほうがいいくらいかも。
それが分からないままＦＸを「気軽に」やり始めると手痛い目に遭ってしまいます。

一方、日本では、「投資やトレードは悪だ」「お金のことばかり言うのは意地汚い」というような考えも根強く、投資での「増やし方」をあまり教えてくれません。しかも、最近では「元本保証で絶対儲かる!」みたいなアヤシイ話も増えていると聞きます。
投資の知識がないうえ、こんな話を聞いてしまったら、騙されてしまう人もいるかもしれません。
ＦＸは確実に「自分の力で」「お金を増やす」方法のひとつではあると思います。
それにはやはり実際にトレードして成功している人の意見を聞くことが大切でしょう。

場合によっては、やらない方がいいこともあると思います。（私「とり子」は確実にお金を増やしているかって？　今のところ、じわじわとではありますが増えています!!）。

本書によって今まで知らなかったFXを身近に感じてもらえたり、トレードしている方の息抜きになったりと、何かのお役に立てたなら本当にうれしいです。

最後になりましたが、いろいろアドバイスをいただいたトレーダーの森洋和さん、FXにとどまらず「生きるとは何か」ということまで教えてもらったような気がします。ありがとうございました。このようなゆるい（?）本を担当してくださったパンローリングの高倉美緒さんにも、お礼を申し上げます。ありがとうございました。

しばざきとしえ

■著者紹介

しばざきとしえ

イラストレーター＋マンガ家。セツモードセミナー卒。
『an.an』などの女性誌で実際の取材によるイラストルポを描いたり、自身の体験を綴ったエッセイマンガを書籍化するなど、幅広く活動中。
キャラクター作家の顔も持ち、脱力系キャラ「ウサワカメ」が人気で商品化も多数。ウサワカメのぬいぐるみは小道具としてドラマ・映画『のだめカンタービレ』にも出演。
http://www.kiricomic.com/

しばざきとしえのほかの本

パパいらず
しばざきとしえ
私がひとりで育ててみせる!
トリエ＆娘たまこ、女どうし、
ふたりきりの生活を描いた
イラストエッセイ。

『パパいらず』
（メディアファクトリー）

じつはウチ、
フランス婚
しばざきとしえ
婚姻届を出さない
夫婦のカタチ…
それがフランス婚です。

『じつはウチ、
フランス婚』
（MMR）

ウサワカメ
しばざきとしえ
好きなことしか
やりたくな～い

『フーラリフラフラ
ウサワカメ』
（学研パブリッシング）

■監修者紹介

森洋和（もり・ひろかず）

1974 年生まれ。帝京大学文学部心理学科卒。
FX 会社で『チャート王が教えるチャートの極意』セミナーを開始、お客様から多くの支持を受けた。その後、個人投資家へのもっと身近な支援を目指し、独立。（株）KCM を設立する。現在は「難しい投資法はいっさい抜きにした誰もができる手法」で勝つための技術をセミナーで公開中。日に日にファンが増加し、ひそかなブームになりつつある。
http://www.kcm-win.com/

2010年5月3日　初版第1刷発行

めおとFX
～二人三脚トレード日記～

著　者　しばざきとしえ
監修者　森洋和
発行者　後藤康徳
発行所　パンローリング株式会社
〒160-0023　東京都新宿区西新宿7-9-18-6F
TEL 03-5386-7391　FAX 03-5386-7393
http://www.panrolling.com/
E-mail　info@panrolling.com
装　丁　水野賢司（オフィスキリコミック）
組　版　パンローリング制作室
印刷・製本　株式会社シナノ
協　力　KCM
http://www.kcm-win.com/

ISBN978-4-7759-3078-6

【免責事項】

この本で示してある方法や技術、指標が利益を生む、あるいは損失につながることはないと仮定してはなりません。過去の結果は必ずしも将来の結果を示すものではありません。この本の実例は、教育的な目的でのみ用いられるものであり、この本に書かれた手法・戦略による売買を勧めるものではありません。